あるく民俗・あるく展示

青木俊也

神奈川大学21世紀COE研究成果叢書
神奈川大学評論ブックレット 36　御茶の水書房

はじめに

　本書のテーマは、歩くという行為を、文化、とりわけ民俗として考えることである。私たちは日常生活のなかで寝る、食べる、あいさつをするなど実に様々な行為を行っている。それらのほとんどを、私たちはことさらに意識しないで自然と行っているといえる。生活のなかで覚え、慣れ、身に付けてきたのである。

　これらの日常の行為のなかでも、歩くことは意識しない行為の最たるものなのではないだろうか。普段、私たちは自身がどのように歩いているのか、気遣うことはほとんどないといってよい。普段通りに歩けずに足をひきずって歩いたり、人に気付かれないように音を立てない忍び足で歩いたりすることは、歩くことを意識した特別な歩き方である。

　私たちは全く無意識ではないにせよ、意識的でもない自然と身についた動作として、いわばなりゆきに任せて自ずと歩いている。といっても、いつも同じように歩いているとは限らない。現在、街で人々が歩いている様子をみると、実に様々な歩き方をしていることがわかる。そこには、年齢や男女による歩き方の違いや、その状況に応じた違いがみられる。同じサラリーマンでも、通勤途中で自然に急ぎ足になることもあれば、休日にはゆったりとした足取りで散歩することもある。ほろ酔い加減のときに千鳥足になることもある。学生がキャンパスでリラックスして歩く姿と、繁華街で気取って歩く姿は違うものとなるだろう。また、トレーニングとしてウォーキングをしている人たちのなかでも、腕を大きく振って闊歩している人たちがいる一方で、前につんのめるように急ぎ足で歩いている人もいる。さらには、それぞれの個人によっての歩き方のくせがみられたり、服装や履物によってもその違いがみられることもあろう。

このように普段、改めて意識することのない歩く行為を、私たちが受け継いできた生活文化である民俗として考え直してみたいと思う。

Ⅰ　「あるく」民俗

（1）人生を歩む

直立二足歩行は人類誕生のきっかけとなったとされる。その研究によると、アフリカの森林に暮らしていた人類の祖先は、気候の変化によって森が林、そして草原となっていくなかで直立二足歩行の能力を発達させてきた仲間たちが生き延びた結果、約五〇〇万年前に最初の人類である猿人が誕生したと考えられている（馬場　一九九六）。つまり、直立二足歩行は人類の前提となる普遍的な行為として考えることができる。このことを、研究成果は私たちに教えている。

人の子どもは生まれてからおよそ八ヶ月から一歳四、五ヶ月の間に歩き始める。もちろん、子どもが歩き始めることは成長の証である。満一歳の誕生日である初誕生と呼ばれる祝いにおいて、それまでに立って歩くようになった子どもに対して、餅を背負わせてわざと転ばせることが現在でも広く行われている。転ばせてなお歩く子は鬼子と呼ばれることもあった。もともと初誕生前に歩く子どもは、親不孝になる、一生の運が付かないなどといわれ、早く歩き始めることが望まれていないことをうかがわせている。

例えば、東京都清瀬市でも同様に満一歳の誕生前に歩いた子どもは、ブッツイモチという一升餅を背負わせてわざと転ばせることが行われている。清瀬の人々はこの転ばせる意味を「あの世かどっかへ歩いていっちまう」子どもへの「足止め」と理解している（浅野 一九九六）。

民俗学は、人がこの世に生を得ることの意味を、子どもの体に魂（霊魂）が入ることであり、生まれたばかりの子どもが身体的に安定していないのは、宿った魂がいまだ不安定であるためだととらえてきた。この考えからすると初誕生前の子どもの魂は、いわば未だ十分にこの世に馴染まず、むしろあの世に幾分強く馴染んでいると感じ取られていたのかもしれない。そして子どもが立ち歩きを始めて、人生を歩んでいくためには、はいはいをしていたときまでの魂に何らかの成長をうながす必要があったのではないかと考えられる。だからこそ清瀬市の人々は、初誕生前から早く歩きだす子どもが人生を歩む方角を間違えてあの世にいっちまう、あの世に戻ってしまうこと、すなわち死んでしまうことを心配して「足止め」を行ってきたと考えられている。つまり、清瀬市内の初誕生前に歩いた子どもを転がす儀礼の意味付けは、歩き始めた子どもがこの世を生きていく、一生を歩いていくために行うものであったと理解される。

　さて、熊野観心十界図と名付けられた絵画が、現在、全国で五十八例の諸本として確認されている（小栗栖 二〇一一）。さらに中世末から近世にかけて熊野比丘尼と呼ばれた歩き巫女がこの絵画を絵解きをしたことが明らかとなっている。これらの熊野観心十界図の上半部の半円弧の帯には「老いの坂」と呼ばれる人生を歩く姿が描かれている（図１）。熊野比丘尼の活動を通して庶民生活における仏教史を研究した萩原龍夫は、熊野観心十界図における人生を歩く姿を「人生の階段」と理解し、西欧世界における「人生の階段」の図像との共通性を指摘している（萩原 一九八三）。

（図1）熊野観心十界図（圓福寺蔵・東京都西多摩郡瑞穂町）
（写真提供、松戸市立博物館）

　「老いの坂」は人生を坂ととらえて、年齢を重ねながら年老いていくことを、その下りの有様に例えた言葉と理解される。そして、この半円弧の「老いの坂」には、人の一生を示すものとして、子どもから老人となるまでのそれぞれの歩いている姿が描かれ、その姿の移り変わりによって人生の歩みが表されている。まず、半円弧の向かって右隅には、鳥居をくぐり、はいはいから今歩き出そうとしている赤子が描かれている。歩くことを身に付けて自らの人生が始まることを意味する情景である。そして、段々と成長し、成人となり伴侶を得て半円弧の頂上で人生の盛りを迎える。そして、半円弧の左側には人生の盛りを過ぎて段々と老いを迎えて、衰えていく様が腰を曲げて歩く姿として描かれている。そして人生の最期はもはや歩かずに座って合掌している姿である。すなわち、この図像において生きることは歩くことであり、歩くことで人生が始まり、歩くことを止めたときに最期を迎える。

これまで述べてきたように、歩くことは人が生きていくための欠かせない行為であった。歩くことに障害を持つことは、大変に厳しい人生を送ることであった。「びっこ」という言葉は今ではほとんど使われることはないが、その意味は片方の足に障害を持った人が、足をひきずって歩くことであり、さらにその人を意味する言葉でもある。英語の「Limp」も同じ意味の言葉だとされる。「びっこ」という言葉は、通常のように歩けないことに対する深い恐れなどの意識を人々が持っていたことをうかがわせている。

（２）身体技法としての「あるく」

〈身体技法とは〉

繰り返すが、本書のテーマは歩くことを生態的にとらえるのでなく、伝えられてきた生活文化、民俗として考えることである。例えば、所変われば品変わるというように、生活習慣に基づいた行為は地域によって違いがあることが知られている。あいさつではお辞儀や握手、抱擁などの違いがある。ヨーロッパのサッカーのプロチームで活躍する日本人選手が、感謝の気持ちを伝えるために深々とお辞儀をすることがしばしばテレビ中継される。その姿は、チームが所属する国や地域における感謝のしぐさとは明らかに違う、日本人のアイデンティティーを表すためのいささか大げさなお辞儀なのであろう。また、食事の摂り方でも国や地域によって、箸やフォーク、ナイフなどの道具の違いがあるとともに、道具を使わずに手づかみで食べる地域があることが知られている。このような行為は、子どもの頃から身に付け、何世代にもわたって行われてきたもので、日本に住む私たちの場合は箸の上げ下ろしというように、その使い方を幼い時分から親からしつけられてきた。すなわち料理のあちこちに箸をのばす「迷い箸」、箸と箸とでものを受け渡す「箸渡し」などを行儀や縁起の悪い行為として親からたしなめられてきたのである。その一方で、ことさらに教えられることなく、手づかみでおにぎりやパンを食べることを自然と身に付けていく。あいさつなども同様に自然と身に付けていくとともに親から教えられ、同時に学校でも礼儀として教育される。その一方で、仲間や学校の先輩たちの様子を見よう見真似で身に付けていく、親が教えるものとは別の仲間内だけで通用するあいさつもある。ここにあげた例はわずかだが、私たちは日常生活のなかで様々な行為を何世代にもわたって伝えてきたのである。これらの伝えられていく身体に記憶された行為を「身体技法」と呼んでいる。

職人の世界では、親方の技を教えてもらうのでなく、見よう見真似で学んでいくものだといわれる。このような技の伝達は、職人に限らず、農民や漁民などの身体を使って生活環境と対峙していく人々の間では、自然なものなのであろう。このような伝承の方法は、丁寧に教えなかったり、習わなかったというよりも、身体の使い方を言葉や文字で伝えることは難しく、映像資料を活用できなかった状況では、やって見せ、それを真似ること以外に有効な方法がなかったなかで行なわれてきたものである。

川田順造は身体技法を「文化によって条件づけられた身体の使い方」であると記述し、長期間にわたって変わりにくいものとしてとらえている。そのありようについて「ある社会で個人をこえて集合的に共有されており、教育やしつけや訓練の占める部分はあるが、見よう見まねや社会の無言の制裁で規制されるものも含めて、しばしば意識されないままに継承されている」と述べている（川田 一九九五）。そして、その一例としてフランスと日本、西アフリカ内陸社会のそれぞれにおけるかつての洗濯の作業姿勢に違いがあることを明らかにしている。つまり、日本では川端などでしゃがんで洗濯する蹲踞の姿勢であったことに対して、フランスにおいては「木製の『洗濯用膝囲い』(caisse à laver)で膝を覆った跪坐の姿勢で、やはり一九六〇年代の電気洗濯機普及の時代まで、一般に女性が洗濯をしていた」とされる。また「西アフリカ内陸社会では、膝を伸ばしたままの立位で上体を深く前屈というよりは前倒させ、しばしば左腕の肘を左の膝上に当てて支えとしながら、足の平か踝の高さの地面ないし水面のレベルで、両手を使って洗濯するのが、広く行われているならわしだが、南の森林地帯(ナイジェリア西南部のヨルバ社会など)では、低い台に腰かけての洗濯も、同一社会で立位深前倒姿勢の洗濯と同一人によって並行して行なわれている」とされ、川田はこれらの姿勢がそれぞれの生活文化によって培われてきたことを明らかにしているのである(同前掲)。

しゃがむという姿勢によって洗濯を行ってきた私たちにとって、洗濯という同じ目的の行為が地域によって全く異なる姿勢によって行われていることは、まず驚きである。作業を行う姿勢が生活文化そのものであることが示されている。洗濯におけるしゃがむ姿勢は、しゃがむ習慣のない人々には難しいものであろう。和式便所の使用などでしゃがむことを日常に行ってきた私たちにとっては自然な姿勢であった。しかし、電気洗濯機や洋式トイレの普及によって、かつてよりもしゃがむ習慣が薄れてきているはずである。

〈身体技法としての「あるく」〉

さて、本書の対象である歩くという行為は、洗濯の姿勢にみられるようには、地域や国による大きな違いはないように感じられる。しかし、私たちが海外旅行に行くと欧米人の歩き方と私たちの歩く姿がかなり違うという印象を受ける人が多い。この歩き方の違いに気づく経験は、現在のこの国に住む私たちの歩く姿が世界的にみて普遍的なものではないことを示唆しているようである。後に述べるが、このような経験が「あるく」展示である実験展示「あるく―身体の記憶―」を構想する動機となった。

そもそも歩くという行為を身体技法によってとらえることは、この概念を発想したマルセル・モースによって示されている。その研究によると文化、社会に規定された歩き方の一例として、エルズドン・ベストの著書からニュージーランドに暮らすマオリ族の女性によるオニオイという歩き方を次のように紹介している（モース 一九七六）。

原住民の女性たちはある種の《歩きぶり》（gait）（中略）を用いている。つまり、腰を大振りに、しかも、しゃきしゃきと釣合いをとるのであるが、これは、われわれには不恰好にみえても、マオリ族にはなかなか惚れ惚れするような恰好なのである。母親たちは《オニオイ》（onioi）と呼ばれるこの歩き方で娘たちを仕込んだ（中略）。わたくしは幼い娘がこの釣合いをとるのをいい加減にしているときに、母親たちが《お前、あんたはオニオイをしてないよ》（中略）とその娘に言っているのを聞いたことがある。

母親が娘にオニオイを躾けている。このことにみられるように、モースはこの歩き方、歩きぶりは「後天的なもので、生得ではなかった」と結んでいる。つまりマオリ族の娘たちにとってオニオイは、娘たち自らにふさわしい歩き方、身に付けるべき身振りであった。歩き方を自分たちの個性を表す身振りとしてとらえる視点は、私たちの歩き方を民俗としてとらえるために役立つものであろう。つまり、ある一定の歩く姿勢が何らかの社会性を示すことは、私たちの歩き方においても見出すことができそうである。例えば男女による歩き方の違いとして、女らしいという社会性を示す歩き方として内股での歩きが一般的にイメージされてきた。その一方で男らしいという社会性を示す歩き方としてがに股での歩きがとらえられてきた。ただし、その歩き方に示された男らしさは、いくぶん礼儀正しくないイメージも備わっている。また、がに股には地方に住む人の歩き方というイメージも、かつてはあったのではないだろうか。そのことを示すように人から「あなたはがに股ですね」といわれたら、ほめられたと感じる人はほとんどいないであろう。

ここに述べたように、歩き方によるイメージはどのようにつくりだされてきたのか。これは文化の問題である。この歩く姿、歩き方が示す社会性は、さらに商人らしい歩き方、農民らしい歩き方など、職業による歩き方の違いにも思考を重ねていく可能性を持つ。

さらに、モースは自身がニューヨークで病気になったときの病院でのエピソードとして、そのときの看護婦の歩きぶりが映画のなかのアメリカ人と同じ特徴を持った歩き方であったこと、さらにフランスに帰ってからもパリの若い娘も、先の映画のなかのアメリカ人と同じ歩き方をしていることに気付いたと記している。この事実を「アメリカ人の歩き方が、映画の力でわが国で見られはじめたのである」と結んでいる。そして、映画のなかの歩き方について「歩いている間の腕の位置や手の位置は社会的な特質を形成していて、たんに純粋に個人的で、ほとんど完全に心的な、なんらかの配置や機構の所産ではない」と述べ、その姿勢が個人的なものでなく社会的なものであることを指摘している（モース 一九七六）。

モースが見出したのは、映画の出演者の身振りが国を超えて流行ったということである。この国においても戦後に若者時代を過ごした人たちは、映画スターの歩き方を真似した経験を持つ人がいる。映画の中のあこがれの対象の身振りを真似することは特別なことではない。私自身も小学校低学年のときにテレビアニメの主人公が主題歌と共にバンカラを気取って大げさにがに股で歩く姿を真似た記憶がある。そのときにがに股が行儀のいい歩き方でないことを知ったが、数十年経った今もその真似を繰り返すことができる。映画やテレビが映し出した歩く姿、その身振りが注目され、真似したというエピソードは、現代社会における歩くという行為の流布のあり方の一つを示している。

モースが示した身体技法としての歩くという設定は、私たちの歩き方を文化、さらに民俗としてとらえるときに有効な視点を用意している。つまり、私たちの歩き方が社会、文化のなかでどのように規定され、つくり出されてきたのかという問いを導き出す。さらに、私たちの生活文化のなかで形成され、伝えられてきた歩き方が、近代社会のなかでどのように現在の姿となってきたのか、という問い掛けを可能にする。

　本書は、歩くことを伝えられてきた生活文化である民俗として考えようとしている。そのためには、身体技法として歩くことを考えていくことが有効である。先に述べた海外における私たちと欧米の人々の歩き方の違いに対して、地域や国、それぞれの生活文化を反映した行為だから、当然に違いがあるという見通しを持ったのである。

　さて、ここまで先行の研究によって歩くという行為を民俗として考えていくための準備を行ってきた。私たちが身に付けてきた歩き方は、世代を超えて伝えられてきた行為であるとすれば、それを民俗ととらえることができるのだろう。この行為は全く無意識ではないにせよ、意識的でもなく自然と身に付いたものである。この行為を自然に受け継いできたこと自体は「われわれの生き方を根っこのほうで方向付ける生活原理でありながら外部に向けて自称することの決してない場所」（関二〇〇二）と解説される対象としてふさわしいものであった。

　さて、これより民俗として歩く行為をとらえ、そのなかにある豊かな歴史にアプローチしていきたい。

Ⅱ　「あるく」展示

（1）展示をつくる思考

さて、本書のタイトル『あるく民俗・あるく展示』は、「あるく」展示をつくることで「あるく」民俗を考えることを意味している。一般的に言えば展示をつくることは、展示テーマ、メッセージの確定から始まり、それより様々なステップを踏んで行われる。本書が対象とする実験展示「あるく―身体の記憶―」をつくっていくプロセスが、「あるく」民俗を考える基本となっている。

博物館で働く学芸員にとって、展示は何らかの調査研究の成果を表す仕事である。つまり、展示は調査研究の営為によってつくり出されている。展示が豊かな独自性を持つには、その実現に向けたその営為が不可欠のものである。したがって、展示をつくることは、それらの成果によって得られたメッセージを公表することである。視点を変えれば、展示をつくる行為そのものが研究スタイルであり、新たな成果を生み出す、独自の方法としての性格を持っている。

学芸員が展示をつくるプロセス、つまり展示の構想、準備から開催、具体的に述べれば企画立案、構成プラン作成、資料の収集や借用交渉、展示制作、広報活動および開催後の観覧者調査など、幕引きまでの一連の過程において、学芸員は数々の判断が要求される。私はこれらを総体として「展示の思考」と呼んでいる。これには実際に展示をつくるうえでの紆余曲折、試行錯誤といった様々な問題点が内在しており、一つ一つの問題点を明確にすることが思考の記録には求められている。まさに本書の目的は、「あるく」展示の問題点を記すことにある。

実際の展示をつくるなかでは、調査研究、展示制作などが、同時に折り重なる形で、互いに影響しながら進んでいく。そこには学芸員が目指す展示をつくるためのプロセスがある。この混沌とした状況において展示と調査研究の相互のやりとりのなかに、新たな展示の姿がつくられていく。その過程には、今まで示されていなかった研究の視点、成果が導き出される可能性があると私は考えている。そのことを「あるく」展示の記録を通して記していきたい。

展示をつくる過程を記録する意味は、いうまでもなく今後の展示の構築に対して有効な資料となることである。具体的にいえば、どのように失敗したかがわかる記録が、次の展示をつくるうえで、その問題点などを浮き彫りにする有効な資料となる。その意味でこれから記していく展示の記録は実は失敗の記録でもある。

さて、展示をつくる思考には、いくつかの特性がある。一つは展示という開かれた場では不特定多数の観覧者に理解されるために、展示で伝えるべきメッセージはできるだけ明快に表現する必要がある。そこには保留事項はないといってよい。つまり、あるテーマに対して展示で表現し、観覧者にメッセージを伝えるためには、多くの情報のなかから選択し結論を得て、明確なメッセージを表す必要がある、と私は認識してきた。

しかし、今回の展示は実験的な性格を持つもので、観覧者に対するメッセージも仮説の提示となった。この仮説に対する観覧者の反応も取り込んで展示を構成するものであった。この点が明確なメッセージを展示に求める一般的な考えと異なっている。そのためこの実験が展示の短所となるのか、長所となるのかを見定めていかなければならない。

また、展示は立体的な表現をともなうものであり、文字媒体の研究成果、文章で表現するよりも多くの情報を得なければならない。具象性を持った展示の特性によって、より公開性をもったものとして提示することが求められる。それだけ高度で広範な調査研究資料が必要とされる。その意味でも先に述べたように展示をつくることは博物館独自の研究方法と考えることができる。

（2）生活再現展示

ここで展示の思考の一端を示してみたい。歴史系博物館において縄文や弥生時代、江戸時代など各時代の生活を再現する展示がつくられている。私はこれらを「生活再現展示」と呼び、「ある時点における人の生活空間をつくり、くらしに使用する生活資料を配置して、その生活を再現すること」ととらえている。生活再現展示をつくることは、実証的な生活史研究における格好の作業であり、研究方法として有効である。

ところで、生活を再現する行為は、民俗学と関係が深いものである。この国の民俗学は、農山漁村を主要な研究のフィールドにして、近代化のなかで失われようとしている伝統的な生活文化を明らかにしてきた。そして、この生活文化はこの国の民俗学が研究の対象としてきた人々の行為として示された行事、儀礼、組織、制度などによって形づくられている。もちろん、先のしゃがんで行う洗濯の姿勢などの身体技法として伝えられてきた生活の行為も含まれている。

その成果の一つは、昭和三五（一九六〇）年に開館した日本民家集落博物館をはじめとする各地の野外民家博物館にみることができる。そこでは、現在の農山漁村では一般的にはみることはできない伝統的な民家が移築されて、その生活が民具などによって再現されている。そして、生産の場であった屋敷地周辺の生活環境の復元にも努力がはらわれている。

世界的にみれば、民家の野外博物館は北欧で一九世紀末から二〇世紀初頭にかけて初めてつくられたことに始まる。スウェーデンの語学教師であったハツエリウスは、一九世紀に始まった産業革命による急速な工業化によって、伝統的な農村の生活文化が失われていくことを危惧し、それらの生活資料を収集した。そして、生活資料が実際に使われていた場として、ストックホルムに世界最初の野外民家博物館であるスカンセンをつくった。そこでは、伝統的な家屋を中心にその屋敷、耕地、家畜なども含んだ伝統的な生きた生活の姿が再現され、現在でもその活動が続けられている。

日本の民俗学を確立した一人である澁澤敬三は、大正一三（一九二四）年にスカンセン、ノルウェー民俗博物館などを見学している。そして、その影響によって、昭和一一（一九三六）年に日本民族博物館設立の構想のなかで民家の野外博物館施設を計画している。その具体的なプランは今和次郎によってつくられ、スカンセンの影響を強く受けていることが指摘されている（横浜市歴史博物館ほか 二〇〇二）。伝統的な生活を保存し展示するためには、生活の場である民家の野外博物館が有効だと考えた澁澤の認識は、日本の民俗学の初志の一つであった。

この生活を再現するためには、展示の対象となる農家などに住む家族が朝起きてどのように支度をして食事を摂るのか、どのような生業を営んでいるのか、夜はどのように過ごし、就寝するのか、生活の実相を把握していく必要がある。そして、それぞれの生活シーンにおける行為に合わせてどのような道具が使われてきたのかを調査していかなければならない。この作業によって具体的に生活へアプローチしていく。その姿がわからなければ、現実感のある生活を再現することは難しい。生活再現展示をつくることは、人の日常の行為の集大成である生活を具体的に読み取ることであり、一つの生活史の方法である。理想を言えば、具体的な生活の把握には、農家でくらす人々がモノをどのように大切に扱ってきたのか、自然環境のなかでどのように適応してきたのか、どのようなくらしを求めてきたのかを知ることが必要となる。それらを調べることは、くらし方の流儀、生き方を明らかにしていく可能性を持ち、それらを生活再現に反映することも可能だという考えを私は持っている。

これまで述べてきたように、野外民家博物館は民俗学が学ぶフィールドであった農山漁村の人々の伝統的な生活を展示している博物館である。ここではこれまで明確に行為の展示としてとらえられてこなかった野外民家博物館に対して、行為を視点にとらえ直してみたい。

とりあえず確認できることは、野外民家博物館はフィールドから汲み取った生活を形づくる行為を表している。そこには、私たちに伝えられてきた日常の行為における身体技法が示されている。例えば、野外民家博物館に復元された井戸は、上水道が普及する以前における生活用水がどのように獲得されたのかを示す展示といえる。つまり、井戸から水を汲み、天秤棒で水桶を勝手の水瓶や、洗濯桶、風呂桶に運ぶ、という行為を内在した展示である。そして、博物館スタッフがその一連の行為を実演することで、現実感のある井戸を使った生活を表現した展示となる。体験博物館を標榜する千葉県立房総のむらでは、かつての農家などにおける米作りなどの農作業、料理、機織り、年中行事などをおこなうことを体験のメニューとしている。そこには、野外民家博物館に保存しようとした農山漁村における近代化のなかで失われようとしている生活文化の一端が示されている。

繰り返されたくらしの営みを忘れないための表現だった野外民家博物館に表された生活は、手仕事を基本とした生活であり、薪を使った竈での調理、井戸水の利用、手洗いによる洗濯など、大まかに言えば昭和三〇年代に進行した生活革新によって姿を消していったくらしである。

さてこの二〇年ほどにおいて、これらの農家の生活再現展示と入れ替わるように、戦後、とりわけ昭和三〇年代を中心とした生活を再現した展示がつくられるようになった。平成三（一九九一）年に葛飾区郷土と天文の博物館で町工場と併設された住宅の昭和三四（一九五九）年の生活を再現したことを始まりとして、平成二二（二〇一〇）年に国立歴史民俗博物館によってつくられた「日本住宅公団団地実物大再現」の展示などに至るまで、戦後生活の展示は各地で新設された歴史系博物館を中心とした二〇カ所を数えている。私はこれらの展示を戦後生活再現展示と呼んでいる。

これらの展示の特色は、敗戦後からの経済的な復興を背景として、昭和三〇年代に生活革新と呼ばれたテレビ、洗濯機、冷蔵庫などの家電製品、インスタント食品やパン食などの急速な普及による戦後の生活変化を表現したことにある。

野外民家博物館における農家の生活と戦後生活の展示では、そこに再現された生活は大きく違っている。そこには羽釜の炊飯と電気釜の炊飯、お膳を使った食事とちゃぶ台や椅子式のテーブルを使った食事、たらいでの手洗いと洗濯機の使用、井戸の水汲みと上水道の使用など、日常生活の大きな変化がある。そして、戦後生活再現展示は新しい生活を営んでいくのに必要な家電製品などを使用するための行為を表している。先の通りに生活再現展示は、生活を織りなした日常の行為に基づいてつくられていくものであり、本書が対象とする「あるく」展示とともに日常的な行為を表す展示と考えられる。ここに記した生活再現展示が近代化以前の生活から伝えられてきた行為と家電製品などを使う新しい生活の行為の二つを表していることに対して、「あるく」展示は、両者の変化とつながりをテーマとしている。

さて、ここに記したような経緯によってつくられた展示は、研究論文などよりもはるかに広く目に見える形で社会に発信される。そして、多くの人々に観覧され、展示への観覧者からの問いかけや評価がされる。展示解説員への問いかけや、アンケートに記された感想や意見を通して、展示メッセージへの賛意やときに反論がなされる。これは展示をつくった者と観覧者との対話ともいうべきものである。この対話を通して展示テーマについてさらに考えるべきこと、不十分な点が見いだされることが多い。その意味で展示は、研究者向けの報告書とは別の新たな研究発信の広がりを持つものである。

後で詳述するが、歩くという誰もが行うことをテーマにした展示は、それぞれが身体感覚を通して当事者として自ら思考し、感想、意見を述べることができる展示である。そのことは自分たちの歩き方の感覚などを記した展示アンケートに如実に反映されている。「あるく」展示に対して観覧者が発した情報によって、行為の民俗学的研究が進展する可能性がある。

（3）実験展示という試み

さて、本書が対象とする実験展示「あるく―身体の記憶―」は神奈川大学による「二一世紀COEプログラム　人類文化研究のための非文字資料の体系化」という研究プロジェクトの一環として平成一九年度に同大学で開催された展覧会である（展示会場：同大学横浜キャンパス三号館常民参考室／開催時期：二〇〇七年一一月一日～三〇日・二〇〇八年二月二三日、二四日）。文部科学省が平成一四年度に始めた「二一世紀COEプログラム」は世界的な研究拠点の形成を目的とした大学への研究政策であった。神奈川大学では一五年度にこのプログラムにおいて研究テーマ「人類文化研究のための非文字資料の体系化」が採択された。このプログラムはこれまでの文字資料による研究でなく、文字に表されない「非文字資料」の文化研究であり、その対象とする非文字資料は、図像・身体技法・環境と景観の三つの資料を基本としている。具体的には、文字以外の絵画・写真・映画・建築・民具・音声などの形に記録された資料、地形や景観あるいは人間の身体それ自身に刻み込まれる資料などを非文字資料として体系化し、それを研究する方法を開発するというものであった。先に述べたようにこの展示は、五年間のプログラムの研究成果を広く社会に向けて発信するために構想されたものである。

ＣＯＥプログラムにおいて、実験展示「あるく―身体の記憶―」を準備するための実験展示班が組織された（註１）。実験展示班のメンバーによって展示テーマである「身体の記憶」をはじめ、バリアフリー展示、展示への市民参加をめぐって議論が行なわれた。実験展示「あるく―身体の記憶―」をどのようにつくっていくのかというプロセス、紆余曲折が「あるく」民俗へのアプローチであった。

この展示の特徴の一つは、その名の通りに実験することにある。この展示を企画した意図を簡単に述べれば、実験展示は研究プログラムの一環で行うものであるから、失敗を恐れずに、これまで博物館でできなかったような冒険的な展示を行う。これまで行われてこなかった身体技法、つまり行為そのものを対象とした展示を行ってみようという試みであった。そして失敗し、そこから学ぼうということであった、と私は理解している。

なお、本書における展示の記述は、実験展示班のメンバーとして展示制作に参加した筆者が、メンバーの議論をふまえたうえで、自己の主体的な思考によって記している（註２）。また実験展示「あるく―身体の記憶―」は、平成二三（二〇一一）年四月から五月にかけて筆者が勤務する松戸市立博物館において巡回展示を行っている（展示会場：同博物館企画展示室・開催時期四月二三日～五月二二日）。この展示では神奈川大学での開催に比べて内容的に大きな変更を行っていない。

ただし、筆者の本務地における担当の展示であったために、日常的に観覧者の動向を観察する機会に恵まれた。それらの動向やアンケートも踏まえて本書を記している。それでは、構想当初の議論からどのようにこの展示がつくり上げられていったのかを追っていくことにしたい。

〈発信する情報の実験〉

実験展示の最も重要な実験は、「発信する情報」において歩くという行為をテーマにしたことにある。ただし、実験展示の構想当初のテーマは歩くことでなく、あいさつ、食べる、運ぶなどの行為全般を対象にしたものであった。この構想時の展示案には実験展示「身体の記憶―非文字の世界―」というタイトルが与えられた。この展示は私たちがあいさつなどの生活の行為を幼いころより自然と身に付けてきたこと、さらに世代を超えて受け継いることをテーマとしている。

この展示は日常の行為が、同じ目的のものであっても時代・地域によって異なる姿勢、動きによって行われていたことを表わそうとした。さらに、現在の生活を支える水道・電気・ガスなどの近代的な設備によって、それ以前のくらしのなかで伝えられてきた日常生活の行為が、私たちの身体の記憶から失われ、変化していることを伝えようとしていた。

実験展示「身体の記憶―非文字の世界―」はCOEプログラム「人類文化研究のための非文字資料の体系化」において、基本となった身体技法・図像・環境と景観の各非文字資料を次のように位置付けていた。「身体技法」は身体の使い方が受け継いでいる歴史性を表現する資料。「図像」は身体技法及びその行為が行われた状況を記録した資料。「環境と景観」は身体技法が行われる場所であり、その行為に影響を与えたり、与えられたりする可能性を持った資料としてとらえていた。

そして、三者を統合して「身体の記憶」を表現する。具体的には図像資料によって描かれた日常の行為を、図像資料とそこに描かれた行為で使われた道具などのモノ資料を合わせて展示する。日常の行為が行われた場を示す「環境と景観」を写真・映像資料によって表現する。

結果的に「身体の記憶─非文字の世界─」展は、実現することなく計画で終わった。しかしながら、身体技法を多角的に表現しようとした画期的なものであったと考えられる。行為を対象にしたこれからの展示のために、その姿の一端を具体的に述べておきたい。

「食べるときの姿勢」として、①膳で食べる・②ちゃぶ台で食べる・③椅子式のテーブルで食べることを、展示する。「運ぶときの姿勢」として、①頭部で運ぶ（桶・そり天秤・テルル）・②肩で運ぶ（天秤棒・ショルダーバッグ）・③背中で運ぶ（背負子・背負籠・ランドセル・ザック）・④手で運ぶ（風呂敷・手提げ鞄）・⑤腰で運ぶ（腰籠・魚籠・ウェストポーチ）などを、展示する。これらの展示によって同じ目的の行為における様々な姿勢のあり方を示すことを計画した。その一方で、逆に同一の姿勢で行う様々な行為として、「座って行う」ことを展示することも計画した。具体的には①縫い物（くけ台）・②糸紡ぎ（糸車）・③機織り（いざり機）・④調理（脚付きまな板）・⑤脚を使う作業（桶づくり・草鞋づくり・下駄づくり）を取り上げ、「座って行う」行為がかつて幅広く行われていたことを示そうとした。この展示は西欧世界での立ち姿勢を基本とした作業姿勢との違いとして把握できる、表現しやすいテーマであったと考えられる。この展示計画後の議論でも「座る」という身体技法が注目され、中世の絵画資料などのなかの女性の座り方に注目し、拝むときの座り方、目上の者に対する座り方などの様々な座る場面を通して時代や文化による差異が明確にみられるという指摘もされた。

これまで伝えられてきた生活の行為である身体技法を正面から取り上げた展示は行われてこなかったといえる。身体技法は観覧者が等しく身に付けているものであり、言い換えれば「身体の記憶」としてすでに持っていながらも、そのことを意識されることが少ないものである。だからこそ、この展示は非文字資料である身体技法、体に記憶された行為のなかの豊かな歴史の存在に出会い、発見する場として有効に働くことを構想したものであった。

〈実験的展示方法の提案〉

さらにもう一つの実験の意味は、展示方法にあった。実験展示班のメンバーから「身体技法」を展示する方法として「観覧者が自らの身体を自覚する装置」というプランが提案された。このプランによると展示室において「観覧者が自らの身体に出会う」ことを意図し、自身の身体を使ってみる場面を設定する。そのなかで、観覧者は歴史資料にみられる身体技法の画像や映像に合わせて身体を動かし、自らが持つ身体技法との異同を感じ、観覧者が自身の身体を自覚する。

具体的に述べれば、まず、基本的にサイン表示、音声によって、展示案内・解説を行う。次にインストラクターが、展示した「食べるときの姿勢」「運ぶときの姿勢」などの日常的な行為を、実物資料を使って演じ、その行為を見せる。そして観覧者が自分たちの普段とは異なる姿勢の行為を体験するというものであった。

実際の展示では観覧者自らが歩くことで、その身体の感覚に訴えることを実験している。この展示方法の実験は、多くの問題を持ちながらも、しかしそれでも失敗しなかったと私は考えている。体験する成果はことのほか大きかった。このことを後に展示アンケートによって考えてみたい。実験展示「身体の記憶—非文字の世界—」の構想の特質は、行為をテーマとした実験と体験を中心にした展示の実験にあった。

Ⅲ　実験展示テーマ「あるく」

(1) テーマ「あるく」の提案

さて、実験展示「身体の記憶—非文字の世界—」は、日常の行為を対象にしている。これらの日常の行為のうちで実験展示のテーマとしてふさわしいと考えられたのは、「あるく」であった。無数にある行為のなかで、人類にとって初歩的な行為である直立二足歩行を展示テーマとして取り上げることが実験展示班のメンバーから提案された。それは最も冒険的な選択だといえた。

もちろん、人類が誕生するきっかけとなった直立二足歩行は生態的研究の対象である。しかし、この展示では歩くという行為を生態的な行為としてだけに割り切らずに、日常的に身に付けてきた行為である身体技法として考えること、文化あるいは社会的にとらえることが提案された。それは「現代のわれわれの歩く姿が世界的にみて普遍的なものではなく、また、その歩き方は時間軸のなかで過去からそのまま連続してきたのでなく、様々な状況のなかで変化し現代的な歩き方になってきた」という大胆な仮説に立ったものであった。

当然ながら、展示テーマ「あるく」に対して、実験展示班の議論のなかで多くの意見が出され、問題点が指摘された。例えば、歩くことは遺伝的にプログラムされたもので文化の影響を受けていないという最も基本的な反論がされた。この反論に続くように学校や軍隊での行進の訓練によって、日常の歩きが変わることはないという指摘。図像資料の歩く姿は、当時の人々の歩く姿の実態をそのままに描いていないのではないかという疑問。実に様々な事柄を巡って議論が行なわれた。

さらに歩く図像を無批判に根拠にして、かつての日本人が右手と右足を同時に出して歩いていた、あるいは走っていたとするいわゆる「ナンバ歩き」説と今回の研究は距離を置いていかなければならないと指摘がされた。

そして具体的な作業として、まず歩く、走る姿を描いた図像からその動きをどのように推定していくのかが問題となった。中世の絵画資料などの歩く場面を検討した結果として図像から履物の違いは把握されるが、図像の静止した姿から動きを推測しづらいという報告がされた。

これらの多岐にわたるテーマ「あるく」に対する問題への指摘の基本は、歩くという行為が歴史を反映した文化として実証的に考えられるのか、という疑問から発せられたものであった。しかし、実験展示班のメンバーがこれらの問題を議論したときは、展示自体が未だ構想段階にあったので、資料の内容から検証して判断することはかなわなかった。実際にこれらの指摘を考えなければいけなかったのは、資料化の段階であった。まだ、実験展示はスタート地点に立ったばかりという状況であった。

歩く行為がわかりきった自明の行為だと認識されてきたせいか、これまでに歩くことをテーマに展示した例を確認できなかった。履物を展示すること、履物を展示する博物館はあっても、その履物でどのように歩いたのかを表す展示は行われてこなかったといえる。したがって、この段階では、実際にどのような展示となるのかをイメージすることは難しかった。

従来の通りの実物資料を中心に展示を構成するという考えでは、歩くという行為を展示として構成することは困難であった。例えば、履物の実物資料の展示では、資料に対する解説の情報を文字や図版によって提示し、その理解を促すことを基本としている。歩くことを描いた図像資料を展示する場合に、その資料の歴史的な解説と図像の読み取った情報の解説をパネルに仕立てて提示することになる。結果として「観覧者が自らの身体を自覚する装置」という実験的な試みがなければ、静的で単調な展示となることが見通された。

「あるく」テーマの提案当初は参考となる展示が見当たらないなかで、資料の分析を始めたわけだが、そこにも大きな問題が立ちふさがっていた。

（2）テーマ「あるく」の継続

歩くという行為を文化として考えていくことが困難なこと、疑問なことが指摘されたにもかかわらず、それでも「あるく」テーマは継続されることになった。その理由となったのは、従来の研究実績が乏しいこのテーマが実験展示としてふさわしいという点にあった。歩くというほとんど無意識に行う、思考の対象とならないわかりきった行為が、歴史的に変化してきたという視点で見直すことは、新たな発見を見出す試みに挑戦することであり、私たちの身体のなかにある身体技法という歴史を発見することを期待したものであった。同時にこれまでに表現されてこなかった非文字資料の歴史的世界を新しく表現する展示をつくることになる。ゆえにこれらの試みと期待を新しく表現することを目的として準備に取り組むことになったといえる。

歩くことの歴史的変化を展示として構成するには、近代化という大きな社会、文化の変動の指標に対して次の二点の課題を表現することが必要であった。その一つは、この展示の起点となるべき、近代化、すなわち欧米化の以前から、受け継がれてきたかつての歩き方を示す資料を探して、その歩き方を想定することである。次に、想定したかつての歩き方が、近代化以降の生活変化のなかで、現在の私たちの歩き方とどのような関係があるのかを考えて位置付けることである。学校教育において行進を練習することで、日常生活の歩き方が変わることはないという、「あるく」テーマに対する指摘をどのように考えていくかということであった。この指摘は近代に入ってから私たちの歩き方がどのように変わってきたのか、現在でも変わらない部分を持ち続けるのかという、この展示の基本的な課題につながっている。

現時点で整理してみると、歩く行為は時間軸のなかで過去からそのまま連続してきたのでなく、様々な状況のなかで変化し現代的な歩き方になってきたと想定する。そして、変化しつつもかつての歩き方が身体に記憶されている、現在の私たちは身体の中にかつての歩き方を引き継いでいる、とさらに想定する。そこには私たちの歩く感覚、歩き方の認識として、自分たちの歩きのなかにかつての歩き方が残されているのか。つまり現代の私たちが過去の世界から引き続いた歩き方をしているのか、あるいは逆に近代的な歩き方の影響を受けているのかという視点が必要であった。近代化という社会や文化の変動のなかで、私たちの歩き方がどのように影響を受けてきたのかを考える。そこには大きな変化があった可能性がある。そして、影響を受けてきたとすれば、どのような変化であったのか。ある者は影響を受け、ある者は影響を受けなかったというなかで、歩き方に違いが生じたと仮定することもできる。さらにそれとは別にかつての歩き方がその状況に対応しながら、徐々に変化していくと考えることもできる。その一方で、ある人々は新しい歩き方をいち早く身に付け、ある人々は新しい歩き方を拒絶し、かつての姿に留まるという考えに進むこともできる。

これらの想定をもとに、とりあえず次のような仮説を立てた。近代化以前の生活文化に根ざしたかつての歩き方が、近代化などの影響から変化しながらも、世代を超えて何らかの形で私たちの身体に伝えられた可能性があるのではないか。何らかの影響を受けたことを前提として「近代以前から培われた歩くという身体技法が現在の私たちに伝えられてきた可能性があるのではないか」という仮説であった。言い直すと、私たちはかつての歩き方を引きずった歩き方をしているということが、実験展示の仮説であった。

この時点において、かつての歩き方としてイメージしているのが、例えば、がに股であり、前かがみ、猫背の姿勢の歩き方であり、一般的な認識の域を出るものではなかった。歩き方が歴史的な背景のもとで、生活文化として培われていったものであるという仮説を実証するためには資料化を進めるしか方途はなかったのであった。これらの実験展示による議論から見出された課題と、その資料化に取り組んで考えたこと、展示をつくりあげたなかでさらなる課題として残されたことを整理してみたい。この課題にアプローチするために、まずこれまでの私たちの歩くことに対する先学による研究、考察を学ぶ必要がある。

Ⅳ 「かつての歩き方」の想定

（1）日本人の歩き方の記述

実験展示を具体化していくために、日本人の歩き方の特色を探る基礎的な作業として、先行研究における日本人の歩き方についての記述を整理した。その作業の結果、日本人の歩き方に関する記述は二つの特色として把握された。その一つは膝を曲げた歩きであった。この歩き方は次に紹介する記述から共通して見出すことができる。

〈膝を曲げた歩き〉

樺山紘一は、『歴史のなかのからだ』において人のからだがどのようにイメージされてきたのかを考えるなかで、日本人の歩き方と西欧人の歩き方との違いを比較している。そのなかで日本人の歩き方を「腰がどっかりとすわって、重そうに下半身をひきずる。猫背のうえにアゴをつきだし、小股にヒョコヒョコと進んでゆく。踵よりはつま先のほうがはやく着地する。膝は十分にふかく屈伸している。腰と膝との二段がまえで前進する」と記している（樺山 一九八七）。

矢田部英正は、『美しい日本の身体』において日本人の文化的伝統を身体からとらえていくなかで、現在の日本人の歩き方を西欧人の歩き方との違いを通して考えている。その記述では「かつて日本人は『膝を伸ばして歩く』ことや『左右の腕を交互に振りながら、上体を捻って歩く』動作をほとんどしたことがなかった」と欧米人との歩き方の違いを指摘している。その歩き方について、

「およそ歩幅が狭く、爪先の方に体重をかけながら、膝から下を小刻みに動かしては、足裏を引きずって着足するような傾向が見られる」とともに「軽く膝を曲げ、足の親指側に重心を置き、踵を引きずるようにして歩くようなスタイルが、習慣的に受け継がれてきた」としている（矢田部二〇〇七）。

二人の記述のなかで日本人の歩き方に共通してみられる特色は、膝を曲げていることである。この特色に対して欧米人の歩き方は膝が曲がることなく、股から足元まで伸ばしていることが指摘されている。樺山の記述では、腰がすわっていること（腰を落としていること）もその特色として指摘されていることに対して、矢田部の記述にはみられない。また足の着地について樺山は「踵よりはつま先のほうがはやく着地する」としているのに対して、矢田部は「足裏を引きずって着足する」としている。二人の記述は西欧人の踵から着地する歩き方とは明らかに違うものの、微妙にずれている。これは推量にすぎないが、樺山の示す日本人の歩き方がかつての歩き方を想定しているのに対して、矢田部の記述は現在の日本人の歩き方から導き出していることによる違いかもしれない。とりあえず、日本人の歩き方におけるかつての歩き方と現在の歩き方を含めた共通した特色として、膝を曲げた歩きを確認することができた。

〈ナンバ歩き〉

この歩き方とは違ったもう一つの特色は、いわゆるナンバ歩きという、右手と右足、左手と左足を一緒に出す歩き方であった。実験展示班の議論で述べたように右手と右足を同時に出して歩いていたというナンバ歩き説のもととなったのが、かつての日本人は鋤や鍬で田畑を耕す動作と同様の姿勢で歩いていたという武智鉄二の主張であった。武智は「日本民族のような純粋な農耕民族（牧畜を兼ねていない）の労働は、つねに単え身でなされるから、したがって歩行のときにもその基本姿勢（生産の身ぶり）を崩さず、右足が前へ出るときには、右肩が前へ出極端に言えば、右半身全部が前へ出る（中略）腰を入れて、腰から下だけが前進するようにし、上体はただ腰の上に乗っかって、いわば運搬されるような形になる」と述べ、農耕という生業の姿勢に規定された歩き方という考えを示している（武智 一九八五）。

この考えを実証的にとらえていくことは現状ではたやすくはない。ただし、歩く姿勢と農耕の姿勢が共通することへの指摘は注目されるものであり、その影響は大きく、ナンバ歩きは日本人のかつての歩き方であったという認識が広まっている。かつての歩き方を同様の歩き方として記述しているものもある。吉田裕は、近代社会のなかで軍隊への入隊が洋服や靴などの欧米文化を経験する窓口となったことを述べるなかで、行進の訓練のなかでナンバ歩きをしてしまう人たちがいたことを明らかにしている。そして、その歩き方として「『ナンバ』とは、右手と右足をいっしょに出す半身の構えのことで、この姿勢を基本にした歩き方が『ナンバ歩き』である。具体的にいえば、右手と右足、左手と左足を交互に前に出して歩く前かがみの歩行法」と記している（吉田 二〇〇二）。

〈鼻緒を持つ履物〉

これまで紹介してきた日本人の歩き方に関する記述に対して、小山隆秀の「『歩み』と『走り』の身体伝承」は、日本人の歩き方をテーマに正面から考察した研究である（小山 二〇〇七）（註3）。小山は幕末から明治初頭にかけて、欧米人は日本人の歩き方が自分たちと違った歩き方だと受け止めていたことを明らかにしている。その一方で日本人も欧米人の歩き方と履物が自分たちと違ったものだと受止めていたことを記している。その例として、明治二〇年代にラフカディオ・ハーンが島根県松江地方の住民の歩行が自分の歩き方とは違ったものだと感じていること（『小泉八雲名作選集 神々の国の首都』講談社学術文庫 一九九〇）を以下の通りに紹介している。「人々は皆が爪先で歩いている。（中略）歩くときにはいつもまず第一に足指に重心が乗る。実際、下駄を用いる場合にはそれより他に方法がない。なぜなら、踵は下駄にも地面にもつかないから。真横から見ると楔形に先細りした下駄に乗って足は前のめりになって前進する」と。小山はこの記述に基づいて、鼻緒を持つ草鞋、草履、足半、下駄はつま先を使った歩き方を示す履物だと位置付けている。

小山と同様に歩き方と鼻緒を持つ履物との関係については、先に紹介した研究でも言及されている。例えば矢田部は鼻緒のある履物は欧米人の歩き方には合わないものとして次のように解説している。「膝を曲げて歩くことは『はきもの』のスタイルともおおきく関係していて、爪先に鼻緒をつっかけて歩くような下駄や雪駄や草履の類は、西洋人のようにまっすぐ膝を伸ばして歩こうとしたらスムーズに足を前に運ぶことはできない」（矢田部 二〇〇七）と。同様に鼻緒を持つ履き物と膝を曲げた歩き方に関係があることを「緒をかけるだけの履物が多かったためか、摺り足に近い歩き方、踵をあまり地面から上げずに膝の曲げが大きい歩き方をする」とする記述もある（中澤 二〇〇四）。

さらに小山は欧米人の踵がある西洋風の靴は、鼻緒を持つ履物によってつま先で歩く日本人にとって不可解なものであったり、靴のヒールが欧米人に踵がないことを示す履物だと感じとられていることを高取正男の研究（『高取正男著作集Ⅲ 民俗のこころ』法蔵館 一九八三）を引いて、次のように紹介している。「百年前の父祖たちには、西洋風のカガトのある履物ほど不可解なしろものはなかった。（中略）昔の日本人はカガトを使う歩き方を全くしなかった」と（小山 二〇〇七）。

小山は日本人の歩き方と欧米人の歩き方を、つま先を着く歩き方と踵を着く歩き方という対照的な違いとしてとらえている。そして、歩き方の特色がそれぞれに違った履物に対応しているととらえられていたことを明らかにしている。小山が示した幕末から近代初頭における日本人と欧米人の歩き方の違いを、先の研究では膝が曲がっているという日本人の歩き方に対して、欧米人の歩き方で膝が曲がることなく、股から足元まで伸ばしていると指摘しているのである。小山が示した当時の日本人の歩き方の特色は、実験展示が想定したかつての歩き方と大きく関わるものである。ただし、靴を履くようになって久しい現在においても両者の歩き方には未だ違いがあるとみられている。問題は現在もその違いが引き継がれていることにある。

さて、これより私たちのかつての歩き方を図像資料から考えていきたい。この作業において先の記述にみられた膝を曲げた歩きと右手と右足、左手と左足を一緒に出す歩き方というかつての歩き方の特色がどのように図像資料に描かれているのかを確かめていこう。

（2）想定1 図像資料による「かつての歩き方」

近代化の以前から受け継がれてきたかつての歩き方を探るために古代、中世から近世にかけての図像資料のなかから歩いている人の姿を探ってみた。実際には歩く図像として、中世以前の図像資料は『絵巻物による日本常民生活絵引』（澁澤ほか 一九八四）に掲載された原画（神奈川大学日本常民文化研究所蔵）を資料とした。『絵巻物による日本常民生活絵引』は、澁澤敬三によって構想されたものである。絵巻物などの絵画資料に描かれた住まいや人の服装、行為などの生活の事象を抽出し、分類しようとしたものであった。ここに掲載した『絵巻物による日本常民生活絵引』原画は、日本画家村田泥牛による模写絵である。

そして、近世の図像は、『東海道名所図会』（神奈川大学非文字資料研究センター蔵）『耕稼春秋』（同大学日本常民文化研究所蔵）の版本を資料とした。それらのなかの歩く図像の姿を集めて、それらの図像を重ね合わせてみるように歩く姿の共通した姿勢を探したところ、おおよそ二つの歩き方と、関連した一つの走り方を見出すことができた。

〈腰を落として膝を曲げて歩く〉

例えば、「図2」『伴大納言絵詞』（絵巻物による日本常民生活絵引原画）（以下、本文中は「同絵引原画」と記す）と「図3」『一遍聖絵』（同絵引原画）では膝を曲げ、腰を落として足を前に踏み出し、もう一方の足のつま先を地面に付けている姿が描かれている。

「図4」『東海道名所図会』「富田」（部分）、「図5」同「祇園」（部分）、「図6」同「草津追分」（部分）でも、同様に腰を落とし膝を曲げて足を前に踏み出し、もう一方の足のつま先を地面に付け、これから踏み出そうとしている姿が描かれている。これらの図像資料には帯刀することで腰を落としているようにみられる人物も描かれている。ただし「図7」『石山寺縁起』（同絵引原画）のように帯刀しないでも、腰を落とし膝を曲げて歩く姿に描かれている図像も多い。

もちろん、刀を帯びることが歩く姿勢に影響を与えることは十分に考えられるのだが、ここでは帯刀の有無に限らない歩く姿として理解することとし、最初の図像の読み取りとして服装や持ち物などの影響を外して考えることとした。その結果として「腰を落として膝を曲げて歩く」を見出して、歩く姿の特色としての一つとして想定した。この特色は、先のかつての日本人の歩き方に対する記述からとらえた膝を曲げた歩きと類似した歩き方と見なすことができる。

（図2） 腰を落とし膝を曲げた歩き①
伴大納言絵詞（絵巻物による日本常民生活絵引原画）

（図3） 腰を落とし膝を曲げた歩き②
一遍聖絵（絵巻物による日本常民生活絵引原画）

（図4）腰を落とし膝を曲げた歩き③
東海道名所図会・富田（部分）

（図5）腰を落とし膝を曲げた歩き④
東海道名所図会・祇園（部分）

（図6）腰を落とし膝を曲げた歩き⑤
東海道名所図会・草津追分（部分）

（図7）腰を落とし膝を曲げた歩き⑥
石山寺縁起
（絵巻物による日本常民生活絵引原画）

(図8)　右足と右半身を出した歩き①
法然上人絵伝（絵巻物による日本常民生活絵引原画）

〈右足とともに右半身を出して歩く〉

そして、もう一つの歩く姿の特色として右（左）足とともに右（左）半身を前に出して歩いている姿が描かれている。手を振らずに体を開いて歩いているように描かれている図像もある。例えば、「図８」『法然上人絵伝』（同絵引原画）の二人の僧侶は左足を前に出すと同時に左腕、左肩が先導するように左半身を前に出していることがわかる。また、「図９」『親鸞上人絵伝』（同絵引原画）でも同様に、３人の僧侶のそれぞれが、足とそれと同じ側の肩、腕が同時に前に出されていることがわかる。先頭の僧侶は、左足と左肩、腕が同時に前にでている。この他にもこの歩き方の姿は、多くの図像資料にも見出すことができる。

（図9）右足と右半身を出した歩き②
親鸞上人絵伝（絵巻物による日本常民生活絵引原画）

これらの図像資料から「右足とともに右半身を出して歩く」を二つめのかつての歩き方の特色としてとらえた。

〈左足とともに右半身を出して走る〉

さらにこの歩き方の姿勢のまま、走る人物が描かれている図像も確認された。例えば、「図10」『長谷雄卿草紙』（同絵引原画）は左足と左腕を同時に前に振り、右足と右腕が後ろに引いた姿勢が描かれている。同様に走る姿勢を描いている図像として、「図11」『法然上人絵伝』（同絵引原画）の猿を追いかける僧侶や、「図12」『親鸞上人絵伝』（同絵引原画）（部分）の僧侶もその姿をとらえることができる。そして「図13」『東海道名所図会』「引馬野」（部分）の侍も、腕を前に伸ばしているものの同様の走り方だととらえられる。

以上の図像を読み取った結果として、「かつて

（図10）右足と右半身を出した走り①
長谷雄卿草紙（絵巻物による日本常民生活絵引原画）

の歩き方」の特徴として①「腰を落として膝を曲げて歩く」（図2～7）、②「右足とともに右半身を出して歩く」（図8～9）の二つの歩き方と、「右足とともに右半身を出して走る」の一つの走り方（図10～13）を想定することができた。この想定における「腰を落として膝を曲げて歩く」と「右足とともに右半身を出して歩く」の二つの歩き方は、それぞれが先の文献にみられた「膝を曲げた歩き」と「ナンバ歩き」と、同様の動きを持った類似した歩き方を示していると考えられる。

〈歩く姿の指標〉

①「腰を落として膝を曲げて歩く」②「右足とともに右半身を出して歩く」という二つのかつての歩き方を想定した次の段

（図11）右足と右半身を出した走り②
法然上人絵伝（絵巻物による日本常民生活絵引原画）

（図12）右足と右半身を出した走り③
親鸞上人絵伝（絵巻物による日本常民生活絵引原画）（部分）

（図13） 右足と右半身を出した走り④
東海道名所図会・引馬野（部分）

階の作業手順として、図像の歩く人の男女の性別・年齢・職業・身分や、履物、服装などによる歩き方の違いを考えていく計画だった。さらに歩いている場所や、雨天などの影響による歩き方の特徴を探ろうとしていた。そして、これらの指標によって特徴付けられた歩き方を導き出す予定であった。しかし、この計画は実現できなかった。どのように読み取れなかったかを記していきたい。

まず、女の歩く姿を図像から読み取ることを試みた。女の歩き方の特徴として内股歩きというイメージを持っていたことに対して、「図14」『石山寺縁起』（同絵引原画）（部分）や「図15」『東海道名所図絵』「祇園」（部分）など、ほとんどの図像資料において着物によって脚の動きは隠され、内股歩きらしい動きが確認できなかった。読み取れたことはわ

（図15）女の歩く姿②
東海道名所図絵・祇園（部分）

（図14）女の歩く姿①
石山寺縁起
（絵巻物による日本常民生活絵引原画）（部分）

ずかで、小股で歩いていること、男ほど腰を落としていない傾向があること、結果としてそれ以上にどのような歩き方をしていたのかを見出すことはできなかった。

この他に、履物の違いによる歩く姿や裸足で歩く姿、走る姿を示す図像で探してみたところ、履物の違いによる歩き方の特色を見出すことは難しかった。ただし、そのなかで注目されたのが、裸足での歩きであった。例えば「図16」『耕稼春秋』（部分）、「図17」同（部分）では、野良仕事などをする人々が裸足で描かれていることが確認される。これらは日常において裸足で歩くことが一般的であったことを示唆している資料だと考えられる。「図10」『長谷雄卿草紙』（同絵引原画）では、走るためにあえて草履を脱いで走る図像が確認された。

このように男女の歩き方の差や、履物による歩

（図16） 裸足の野良仕事
耕稼春秋（部分）

（図17） 裸足の二人
耕稼春秋（部分）

き方の違いなどを明確に読み取ることはできなかった。他にも先に述べた年齢・職業・身分や服装などによる違いや歩いている場所や天候などに関わる歩き方の違いを指標に資料化を進めることはできず、結果としてその特性を見出すことはかなわなかった。

わずかに「腰を落として膝を曲げて歩く」ことが男の歩き方であり、先に述べたように帯刀することで腰を落とす姿勢になり、その身分を示す歩き方ととらえることも考えられた。しかし、先述の通りに帯刀しない場合にも同様の歩き方も確認されることから、帯刀を条件とした歩き方という想定は導かなかった。

これらの指標による図像資料からの読み取りが乏しいものとなった結果は、実際の歩く一人の人物にもいくつかの歩き方のバリエーションがあること、それらの歩き方の選択をほとんど意識することなく行っていることに対して、一人の人物の年齢や職業、服装などによって図像資料の歩く姿が単純化して割り切れるものではないことを示しているといえよう。しかし、その一方で武士、農民、商人などの、身分、職業の違いによる歩き方を示す図像資料という考え方のもとに、それぞれの歩き方の特色を見出すことも、図像資料と実際の行為との関係をとらえ直すなかで有効な視点となる可能性が残されているものの、実験展示の作業結果では判断がつかない。

（3） 想定2　映像資料による「かつての歩き方」

〈「かつての歩き方」図像の資料化の問題〉

「あるく」テーマに対する議論のなかで、どのように静止画であるかつての歩き方を示す図像からその動きを想定するのか。図像資料を重ね合わせてみていくだけでは、動きをイメージすることは限界があることが指摘されていた。実際にその動きを十分に想定することは困難であった。さらに図像の歩く姿の描き方として、顔を横向きより正面を向かせたり、体をねじらせているより開いているように描く傾向があって、歩く姿の実態をそのまま描いているのでなく類型的な見本となる図像を模写しているのではないかという指摘がされていた。この指摘に対して、実際の歩く姿と図像との関係をどのようにとらえるのか、図像が実際の姿である可能性をどのように考えるのか、どのように図像と実態を照らし合わせていくのかが課題となった。近世の絵画における「着衣の中の体を意識した身体表現」をテーマとした研究において、円山応挙などの描き方を例として人の姿を裸身として把握し、それに衣を着せてゆく表現がなされたことが明らかとなっている（山下一九九一）。もちろん、この研究によってこれまでに検討した図像資料の歩く姿が実態を表しているると述べることはできない。ただし、この見解は実際の姿に対して、図像資料が描かれるなかで何らかのアプローチがなされていた可能性を示すものであったといえる。

少なくとも模写による類型的な描き方を想定をするにしても、その図像はかつての私たちの歩く姿と全く違ったものと考えることは難しい。それよりは実際の歩く姿と近いものと考える方が自然であろう。図像を見る人たちが自身で認識している歩く姿と違った姿で描かれたならば、それを違和感なく受け入れることは困難なのではないだろうか。

先の図像の資料化では「右足とともに右半身を出して歩く」姿が、体を開いているナンバのかまえと同様の姿勢であること、左右の手と足の動きが同じに走っている姿は明確に描かれていることを確認した。この確認から次の段階に入る必要があった。

〈映像資料の活用〉

歩く図像からの動きを想定する課題に答えるために、澁澤敬三と宮本馨太郎という二人の民俗学研究者が撮影した映像資料を活用することを計画した。実験展示では澁澤敬三による映像資料を「澁澤フィルム」、宮本馨太郎による映像資料を「宮本フィルム」と呼び活用することとした。これ

（図18）現在と変わらない歩き
宮本フィルム6
（春の横顔：上野公園・動物園）

（図19）がに股歩き①
澁澤フィルム20
（谷浜桑取谷）

らの映像資料の多くは一九三〇年代に撮影されたもので、映像のなかの人が歩く姿は、図像資料から実際の歩く姿をイメージさせる有効な資料となった（註4）。

実際の作業としてはこれらの「歩く」映像を、スロー、コマ割（静止画）にしてその動きを確認した。それらの映像のなかで次のように判別できるものを抜粋した。それらは、「図18」の中央の人物にみられる「現在と変わらないようにみえる歩き方」（『宮本フィルム6』「春の横顔：上野公園・動物園」）（神奈川大学21世紀COEプログラム二〇〇八）「現在の歩き方との違いがよくわかる歩き方」「現在と違うようにみえる歩き方」の三種類であった。「現在の歩き方との違いがよくわかる歩き方」の映像に映し出された人々の歩く姿は、一般的にいえばがに股歩きであった。そして、がに股の歩きの映像は、「腰を落として膝を曲げて歩く」姿としてみえるものであった。

具体的には「図19」の膝を曲げてがに股で歩いている姿（『澁澤フィルム20』「谷浜桑取谷」）（神奈川大学21世紀C

（図20）がに股歩き②
宮本フィルム10
（島の生活・八丈島の記録）

（図21）肩をゆすった歩き
宮本フィルム6
（春の横顔：上野公園・動物園）

ＯＥプログラム 二〇〇八）や「図20」に映った三人の若者が正面からがに股で歩いてくる様子は（『宮本フィルム10』「島の生活・八丈島の記録」）（同 前掲）、腰を落として膝を曲げ、腕を振らずに歩いている姿と重なり、共通する歩き方であると判断した。現在でも、この映像ほど腰を落としていないが、膝を曲げて腕を振らずに歩く姿をみかけることがある。ここに述べた図像資料とがに股で歩く映像資料の比較、重ね合わせによって、「腰を落として膝を曲げて歩く」をかつての歩き方として想定する確度が高まったといえる。

その一方で、もう一つのかつての歩き方として想定した「右足とともに右半身を出して歩く」と似た姿、その姿勢から想定される歩き方を示す映像は見出せず、この想定は難しいとみられた。そこで実際に、この図像の歩き方の姿勢から実際に歩き出して、どのような体の動き方になるのか確かめてみたところ、非常に不自然にみえることが明らかとなった。つまり、先に述べたように絵画は実態をそのまま描いていないという点が妥当性を持つ結果となった。そして、かつての図像から読み取った「右足とともに右半身を出して歩く」は、かつての私たちの歩き方であると説明することが短絡的であり難しいことが見通された。

しかし、「図21」における職人風の人が肩をゆすって歩く映像は、右足とともに右肩が前に出ており、「右足とともに右半身を出して歩く」姿に体の動き、使い方が似ているようにみえる（『宮本フィルム6』「春の横顔：上野公園・動物園」）（神奈川大学21世紀COEプログラム 二〇〇八）。この身体の動きから「右足とともに右半身を出して歩く」をくずした歩き方として想定することもできるのではないかと考えた。その結果、この肩をゆすって歩く姿を、「右足とともに右半身を出して歩く」の自然にみえる歩きとして位置付けてみた。現時点で振り返ると、この歩き方は「腰を落として膝を曲げて歩く」姿とも似ているととらえるようになった。つまり職人風の人が肩をゆすって歩く映像は、二つのかつての歩き方の特色を備えていると考えを進めるようになった。

この他の映像資料のなかでも、山道、雪上、海辺、街中などの様々な環境において歩き方に違いがあるという印象を受けた。これらの環境による歩き方の違いは、生態的な動きの違いによるものと説明できようが、生活文化として培われた歩き方である可能性も否定できない。しかし、実際には映像の資料化の段階で、山道の歩き方などの環境による歩き方の違いによる歩き方の特色を見出せなかった。

以上が、この実験展示において図像資料と映像資料を活用して「かつての歩き方」を想定したプロセスであり、基礎的な作業にとどまったことがわかる。

（4） 想定3 二つの「歩く型」と「かつての歩き方」

これまで記してきた図像資料や映像資料を読み取っていく作業に加えて、さらにかつての歩き方を想定する考察を進めていくために摺り足・行進の二つの歩く型について、検討してみたい。

〈摺り足〉

芸能や武道の世界では、摺り足という歩く型を伝えている（図22）（個人蔵）。伝統的な世界に形式化して伝えられてきた歩く型である摺り足は、想定したかつての歩き方とどのように関わるのであろうか。「一見全く違う形態に見える相撲と剣道は摺り足を基本とする点で大きな共通項を持ち、それは能を代表とする日本の芸能の基本の運足と連なる」と摺り足は武道だけでなく芸能においても歩く姿勢の基本となることが指摘されている（河野 一九九九）。

実験展示では、能の摺り足がかつての日常生活の歩き方そのものを伝えているものではないと位置付けている。腰を上げると称される摺り足における腰の姿勢と「腰を落として膝を曲げて歩く」ことの腰の姿勢は一致していない。しかし、どちらも腰を伸ばした姿勢でなく、腰に上半身を乗せていることが共通している。摺り足は「腰を落として膝を曲げて歩く」姿勢を緊張して保とうとしている姿勢だととらえられる。逆にいえば、かつての歩き方の「腰を落として膝を曲げて歩く」

（図22） 能の摺り足

（図23） 行進
『昭和九年度横浜専門学校商業科卒業アルバム』掲載写真

は、摺り足の姿勢をリラックスした姿だととらえることもできる。つまり、その姿勢の一端が、芸能、武道の世界に伝えられていると理解したい。いわば、かつての歩き方は芸能や武道という文化のなかで意識的に選択され「歩く型」として伝えられてきたと考えてみたい。

〈行進〉

近代的な歩き方のきっかけとなった行進は明治一八（一八八五）年に兵式体操として導入され、学校で訓練することとなった（図23）（『昭和九年度横浜専門学校商業科卒業アルバム』掲載写真・神奈川大学蔵）。普段、大股で歩かずに小股で歩くことが多い日本人には、行進は歩き慣れないものである。小中学校の運動会における行進で、右手を前に出したときに左足でなく右足を前に出す子どもがいることは珍しいことではない。年配者の中には行進の訓練で、同様の歩き方をして教官になぐられた経験を持つ人もいる。これらのエピソードは私たちのかつての歩き方が行進とは違っていたことを示している。訓練は慣れない歩き方を強制することであり、そこでは慣れ親しんだ歩き方が排除されていった。

実験展示班のメンバーによる議論では、行進の訓練を受けることによって日常的な歩き方が変わることはないという議論がされた。ただし、日常的には行進のようには歩かないが、身体は行進を覚えている。そのことに意味があり、行進の経験がある人と行進の経験がない人では、自分の歩き方のバリエーションが違う。行進の訓練は歩き方の変化を促すものとなる。そして、大きくとらえれば近代以前から伝えられてきた歩き方と現代の歩き方との違いを生じさせて要因になっている。

しかし、近代における歩き方の変化を、行進だけを要因としてとらえきれるものではない。それに加えて靴の導入によって私たちの歩き方がどのような影響を受けたのか。鼻緒を持つ履物である草鞋、草履、下駄を履いたときの歩き方と靴を履いたときの歩き方の違いについても考える必要があった。困難な問題が山積されるなか、近代に入り現在にいたるなかで歩き方がどのように変わってきたのか、変わらない部分はあったのかを示すことが求められる。

明治以降の靴、洋服の導入、それらの戦後の日常生活における普及は、歩き方に大きな影響を与えてきたと考えられる。しかし、はじめに述べたように靴を履き、洋服を着て長い月日を経ても、私たちの歩き方が欧米人たちと同じ歩き方になりきっていない。依然違った歩き方をしているという印象を与えている。この歩き方の違いから導き出されたのが「かつての歩き方を引きずっている私たちの歩き」という仮説であった。そこから「あるく―身体の記憶―」のテーマは始まっている。

（5）想定4　社会における歩き方

〈手を大きく振って足を伸ばして歩く〉

行進とかつての歩き方の関係は、歩くという日常行為の長期的な変化を考えることであり、この展示の核心に関わる問題を提起している。学校、軍隊で訓練された行進を基本とした手を大きく振って足を伸ばして闊歩する歩き方が学生、軍人を中心とした人々に近代的な歩き方として普及していった。こうした歩き方がいわば都市のエリートの人々を示す身振りとなって受けいれられていったのではないだろうか。大きくとらえれば、近代の歩き方の普及によってかつての歩き方が時代遅れのものだと考えられたり、地方の人々の歩き方として認識されていったのではないだろうか。

〈与太歩き〉

その一方で行進に基づく歩き方を西洋人の真似、気取った歩き方として、批判的に受け取られることもあったのではないだろうか。そして、近代的な身振りに対する反発として、かつての歩き方がことさらに意識して残されていくこともあったのではないだろうか。近代社会における欧米文化の受容のあり方として、次のように新しい歩き方に対峙した姿を想定してみたい。行進を教育してかつての歩き方を排除していったことに対して、大股の闊歩との差を際立たせる歩き方として、大げさに肩を揺すってがに股での歩き方がバンカラ学生や不良学生などに取り入れられていったと想像することは可能ではないだろうか。つまり、ハイカラな歩き方であった行進と対照的であったはずのバンカラ学生や不良学生の歩き方は、いわば近代の社会に反発した自分たちの存在を示す身振りであったと仮定したい。この歩き方は「腰を落として膝を曲げた歩き」を基本として、大げさに肩をゆすったもので、かつての歩き方を引き継いだものととらえてみたい。

　現在でも反社会的な存在としてみなされた人たちの身振りとして肩をゆすった歩き方が認識されている。与太歩き、与太者歩きはこのことを示す言葉である。繁華街でこの歩きをした人たちをみかけた経験を持つ人は多く、展示アンケートにも多くみられる。与太歩きがどのような時期から、どのように普及していったのかは明らかではない。腕を大きく振って大股で闊歩する近代の歩き方が普及するなかで、この歩き方のイメージが固まっていったと考えることはできないだろうか。先に述べた映画などの影響も考えられよう。とりあえず、ここでは与太者やバンカラ学生などはことさらに自らの身振りという文化の選択してかつての歩き方を残してきたと考えたい。あえて想定を繰り返してきたが、そこには歩き方の違いを通してみた近代社会の姿があると考えたいからである。ただし、その実証は、大きな課題である。

〈人の社会性を示す歩き方〉

先に紹介した映像資料の「図21」にみられた風を切るように肩をゆすって右足を出したときに右肩を出して歩いていた人物は、いかにも威勢のいい職人風のたたずまいである（『宮本フィルム6』「春の横顔：上野公園・動物園」）（神奈川大学21世紀ＣＯＥプログラム 二〇〇八）。この光景を自らの仕事柄を示すように歩いていた姿ととらえてみたい。先にモースが紹介したマオリ族の娘たちが自分たちの個性を表すためにオニオイという歩き方していたのと同様の自分にふさわしい歩き方という認識である。

柳田国男が指摘した「肩を一方だけ尖らせて跨いであるくような歩き方」や「袖を入れちがいに組んで小走りする摺り足」（柳田 一九九三）などの歩き方は、それぞれの仕事柄、社会性を示す歩き方だったのではないだろうか。この段階において歩くという行為は、生活文化に培われたものとしてとらえることが可能となる。

先に述べたように、職業などの人物の特性が示す歩き方を図像資料から読み取ることは実験展示の作業では実現できなかった。しかし、それらを示す歩き方の映像資料を多く集めることで、歩く姿から見た社会性を導き出すことを取り組んでいかなければならないだろう。それは歩く行為のなかに伝えられてきた生活文化である民俗を見出す方法である。

Ⅴ　実験展示「あるく―身体の記憶―」

（1）実験的な展示方法の発想

実験展示の構想における方法をめぐる議論で、これまで博物館でできなかった冒険的な展示を行うことを目指して、参加型体験展示、文字解説のない展示などが提案された。一般的にいえば実物資料の展示では、資料に対する解説の情報を文字や図版によって提示し、その理解を促すことを基本としている。

〈観覧者が自らの身体を自覚する装置〉

しかし、実験展示では行為によるメッセージの伝達によって身体の感覚に訴えて、その記憶を呼び起こすことを目的としている。この展示には、文字による解説はわかりづらく役に立たないことは明らかである。ゆえに、冒険的な展示として行為を必然的に体験することが発想された。展示構想に伴って「身体の記憶」を展示する有効な方法として「観覧者が自らの身体を自覚する装置」が提案されていた。観覧者の身体に何らかの訴え掛けをする仕掛けである。観覧者が映像や実演に合わせたかたちで体験し、その感覚を伝達させる能動的な展示方法が実験展示にふさわしいと考えられた。当たり前に考えれば、本来、何らかの行為を身に付けるための効果的な手段は、手本となる行為を見て真似てやってみることだろう。踊りを覚えるためにはまず真似をすることから始まる。さらに、それを身に付けるためには真似を反復するしかない。簡単にいえば、この装置は日常の行為における身体技法を身に付けていくための方法に則ったものであった。

そして、行為による伝達という見地に立って実験展示では、観覧者に歩くことに対する何らかのメッセージを伝えるために次の手順で展示することとした。

①映像資料によってかつての歩き方を示す。②次にインストラクターの実演や映像・画像に合わせて、観覧者が異なる姿勢、動きの歩き方を自らがやってみる。③この体験によって自らの歩き方との違いを体感する。①②③を組み込んで、実現した展示では歩くという行為の歴史的世界を伝えるという実験を行うのである。

〈「あるく」体験への参加〉

行為を行為によって伝えることは実験展示の核にあたる。これを実現するために、観覧者に実際に様々な歩き方を行ってもらうことが最も重要なポイントであった。歩く行為に観覧者を誘導するためには、映像内の文字テロップ、インストラクターの言葉掛けなどによる手堅い伝達方法を選択しなければならない。その結果として、文字を用いないサイン表示の展示解説の実験は実現できなかった。実験展示においてインストラクターは展示と人々を結びつける欠かせない存在であるとともに、歩く行為を演じてみせる展示を構成する存在でもあった。

この展示企画に対する大きな課題、正直に言って危惧していたことは、観覧者が「あるく回廊」と名付けられた「あるく」体験に参加してくれるのかどうかという問題であった。観覧者がこの体験に参加していくことが、実験展示の生命線である。もし大半の人々が参加することに躊躇したら、この展示は失敗となる。結果として、この体験は観覧者の大半の人が気軽に参加して行なわれた。この成功の要因は、インストラクターによる観覧者に対するコミュニケーションと実演が、その場の人々を十分に引き付け、「あるく」体験へと導く実に力強い表現となったことであった。

ただし、それにもまして最もこの展示を支えたのは、歩くという誰しも自然と行っている行為の体験であったことであると感じている。そもそも、この展示場までみんなは歩いてきたのだから。

（2）参加体験型展示

この実験のように行為を伴う展示は、近年において欧米のチルドレンミュージアムの影響によって、観覧者が積極的に展示にアプローチする参加型体験展示として導入されている。そのなかで歴史系博物館においては、博物館と学校教育の連携事業として小学校の社会科カリキュラムと対応した展覧会が開催され、そこで参加型体験展示がつくられている。

〈学習資料展「昔のくらし探検」〉

千葉県松戸市の地域博物館である松戸市立博物館においても学校教育との連携事業として学習資料展「昔のくらし探検」を、平成九年度以来、展覧会名を変えながらも毎年開催している。

この展示は小学生の祖父母世代が生まれ育った時期の手仕事を中心とした「昔のくらし」を表している。この展示では蚊帳に入ることや、平膳の食事の姿勢をとることなどの昔のくらしに使われた道具にさわったり、使ったりすることに積極的に取り組んできた。子どもたちは、道具に手に触れること、道具を使った体験をすることに興味を示している。体験展示の効果は大きく、その効果について松戸市立博物館で調査したことがある（註5）。この調査は平成一三年度の学習資料展示において、展示を改善していくことを目的として行った小学校三年生児童へのアンケートであった。この調査の特色は、三年生児童に、どのように展示メッセージが伝わったのかを追跡したもので、具体的には団体利用した松戸市内四校（ABCD小学校）と市外一校（E小学校）の小学校三年生児童三六四名に対して、見学前・見学直後・見学一ヶ月後の時間差を置いた三種の質問紙によるアンケートを行っている。そこでは見学前には昔のくらしがどのようにイメージされ、見学直後にはどのように展示メッセージを受け取ったのか、また見学一ヶ月の時間経過を経て何が記憶に残ったのかを尋ねている（青木ほか 二〇〇二）。

その結果、見学前には子どもたちは昔のくらしについて否定的なイメージを持っている傾向が大きいことがわかった。見学前のアンケートで昔のくらしのイメージについて尋ねた回答からキーワードになり得る言葉を抜き出すと、「大変」「貧しい」「つらそう」「不便」などが目立ち、否定的なイメージでとらえる子どもたちが多い。

　それでは、なぜ子どもたちは「昔のくらし」に対して否定的なイメージを持っていたのであろうか。このアンケートにおいて明確な答えはない。単純に想定すれば、子どもたちの否定的なイメージは、漠然とした昔のくらしと今のくらしとの比較によって導き出されていると思われる。ただし、この想定で思考を止めることは、昔のくらしにある重要な部分を見逃してしまう可能性を持つ。子どもたちが持つ否定的なイメージは、昔のくらしの経験、昔の道具を使ったことがないことが背景となっていると私は考えている。当然のことだが、子どもたちは日常の生活のなかで、井戸から水を汲んだこともなければ、竈で飯を炊く経験もないのである。自身が経験したことのない、すなわち自身ができない行為によって形づくられた「昔のくらし」に大変などの否定的なイメージを持つことは大いにありえよう。

　しかし、一方で子どもたちは、否定的なイメージを抱いた昔のくらしを体験することには興味を示している。見学直後から一ヶ月後のアンケートで最も興味を集めたものは体験展示であった。対照的に、見学直後に興味を持ったこととされた「昔の道具」「昔のくらし（生活）」などの展示全体を示す言葉が、一ヶ月後の印象ではほとんど姿を消している。子どもたちのこの展示に対する興味、希望は「体験すること」であると集約できる。この結果は実際に道具を使うことで得られる実感が、明確に子どもたちに興味を与えていることを物語っている。時間の経過とともに子どもたちの記憶が具体的なモノ資料を使った行為の経験に収斂している。

つまり、体験を通して行為を身体に記憶させることが体験展示、すなわち行為の展示の特性であることを示している。身体に記憶させる体験が、「昔のくらし」に対する否定的なイメージ、先入観を解きほぐし、それらに興味を抱かせることにつながる可能性を持つ。もちろん、生活習慣として竈炊きを続けていくことの苦労があるのだが、この展示が子どもたちに伝えることはそのことではないと私は考える。行為の展示で得られた昔のくらしに必要な生活の術を身に付けていくことの難しさとその糸口をつかんだときの感覚は、現在に生きる子どもたちの身体にとって得難い経験となる。そして、この特性は、見よう見真似で生活の習慣的行為を体験して身に付けていく、身体技法が伝わっていく姿の一端を垣間見せている。

〈天秤棒で桶を担ぐ体験の意味〉

さて、現在の学習資料展「昔のくらし探検」では、インストラクターの指導のもとに「天秤棒で桶を担いでみよう」という体験型展示を行っている。天秤棒で担ぐためには、腰を落として膝を曲げ、半身を開いて歩く姿勢が必要となる。この姿勢をとったときの身体の感覚は、この体験展示の重要なメッセージである。このメッセージを文字や写真で伝えることはできない。実際に実物を使う姿勢、動作をマンツーマンで習ってこそ、体感できるものである。「あるく」展示で観覧者が体感するかつての歩きに対する身体感覚は、天秤棒の体験展示のメッセージと同じものであろう。

しかし、一般的に博物館における昔の道具を使う体験展示では、現在の生活と比べて昔の道具を使う大変さをメッセージとしている傾向がある。実際には天秤棒で担ぐことにみられるように、それぞれの道具を使うコツが必要となる。しかし、自戒をこめていえば、これまでの体験展示では昔の道具を使う時の身体の姿勢、使い方に注目してこなかったのではないだろうか。

例えば、ある博物館の常設展示室に天秤棒で肥桶を担ぐコーナーが設置されている。この展示は肥桶を担いで立ち上がるもので、安全性の考慮のもとに担いで歩くことができないように道具をくさりで固定されている。これは常設展示における参加体験型展示の導入としてつくられたものとされ、確かに展示室において模型、実物資料、解説パネルを鑑賞するだけでないアイテムとして存在している。しかし、この展示は、天秤棒を通して肥桶の重たさが肩に痛さとして伝わるだけのものであり、それは始めて天秤棒で担いだときの入り口に過ぎない。そこからは先のアンケートにみられたかつての生活に対する否定的なイメージにつながる感想しか持ち得ないのではないだろうか。それでは天秤棒でバランスを取って担ぐ、リズム感、面白さを感じ取ることはできないだろう。天秤棒で担ぐ行為自体の意味を伝えようとするならば、人を介さない展示装置はつくられることはなかったのではないだろうか。

体験展示の現状に対して提言するとすれば、身体の使い方を体験の参加者に伝えていくことが不可欠である。私たちが天秤棒で担いだときに感じるやりにくさ、大変さが身体の動かし方ひとつでいくようにも変わることを伝える展示が本来つくられていかなければならない。

逆に言えば、やりやすさとやりにくさの違いを伝えるためにこそ、その行為を体験する意味がある。天秤棒で担ぐ姿勢は、かつての歩き方として示した「膝を曲げて腰を落として歩く」や「右足とともに右半身を出して歩く」の姿勢と近いものであろう。かつての歩き方をしていた人たちなら自然な姿勢で天秤棒が担げたのではないだろうか。そのことは天秤棒で担ぐ姿勢が、歩くことを通して考えてきた行為に基づく生活文化に培われていたことを示している。そこには身体に刻まれた豊かな歴史的世界がひろがっている。歩く行為も同じである。

（3）実験展示「あるく―身体の記憶―」の構成

実験展示のプロジェクトでは「あるく」をテーマとする展示基本プランをもとに、展示計画などを手がけている文化環境研究所に展示実施設計図制作を委託した。展示概要とともに先の実験的な展示の計画も同時に伝えた。そして実験展示班と研究所のスタッフとの協議を経て、展示構成は以下のように計画した。まず展示の中心である「あるく」体験展示である「あるく回廊」を展示室の導入部に位置付けた。「あるく回廊」に対して並列的に「あるく人生」「かつてのあるき方を探る」「脚の人生」「あるくに触る」などの展示コーナーを位置付けている。「あるく回廊」については最後にふれるとして、まず各展示コーナーについて解説したい。

〈展示テーマB「あるく人生」〉

「あるく人生」は熊野観心十界図の上半部半円弧の帯上に描かれた「老いの坂」と呼ばれる図像

を複製し、拡大して展示した（図1）（圓福寺蔵）。一章で述べたように、この半円弧の老いの坂には、人の一生を示すものとして出生から死に至る人生の歩く姿が描かれている。歩き出そうとしている赤子の姿から、人生の最期にもはや歩かずに座って合掌している姿までの移り変わりによって人生の歩みを伝えている。

〈展示テーマC「かつてのあるき方を探る」〉

「かつてのあるき方をさぐる」は、「あるく回廊」で映写したかつての歩く姿の図像資料、映像資料の特色を捉えるために実物資料と写真パネル仕立てで展示する。そこで①図像にみる近代以前の歩き方②型として伝えられた歩き方③近代の歩き方を解説する。

〈展示テーマD「脚の人生」〉

「脚の人生」は、全編にわたって昭和初期とみられる都市における人々の歩く姿や履物について追った実験的な特異な映画である（マッダ映画社所蔵、芸術映画社制作、昭和一〇年前後の制作と推定）。展示ではこの映画をモニターで繰り返し常時上映した（松戸市立博物館への巡回展示では上映しなかった）。

〈展示テーマE「あるくに触る」〉

「あるくに触る」は触る展示として、視覚障害者への対応として考えたユニバーサルデザインによる展示であった。木製のデッサン人形を使ってかつての歩き方、摺り足、行進などのあるくフォルムを復元し、そのフォルムを触ることで、より立体的に歩く姿の身体のあり方を感じとってもらう展示であった。このコーナーには点字キャプションが付された。

「はきかえて歩いてみよう」は展示室の最後で、今では日常で履く機会が少ない一本下駄、ぽっくり、雨下駄、草鞋、地下足袋、男性のために大きなサイズのハイヒールを用意し、これらを履いて普段とは違った歩き方を体感する機会とした。

（4）展示テーマA「あるく回廊」

それでは、「あるく回廊」についてみていこう。実験展示の中心である「あるく回廊」は、観覧者が自らの身体に出会い、身体感覚に揺さぶりをかける仕掛けを実現したもので紗幕によって囲まれた空間に仕上がった。高さ約二メートル、幅約七メートルのスクリーンに、かつての歩き方の示す図像資料と映像資料を提示するとともに、等身大に映し出された役者による五つの歩き方の再現が放映された。それらの映像を見た後にインストラクターが役者の映像に合せて実演を行い、それに続いて観覧者が歩く体験を行なった（図24）（図25）。

〈「あるく回廊」映像プログラム〉

（図24）あるく回廊（展示会場、神奈川大学）

（図25）あるく回廊の体験（展示会場、神奈川大学）

先の歩く図像と映像の資料化を進めながら、私は「あるく回廊」の映像プログラム「身体の記憶の発見」の準備に取りかかった。

このプログラムを作成するために、映像担当のディレクターとのシノップシス、シナリオのやり取りを数度に及んで行った。映像プログラム用の映像制作の段階に入ると、新規の映像として、現在の私たちの歩く姿を神奈川大学のキャンパスで撮影するとともに、役者によるかつての歩き方の再現の撮影を行なった。

当初は、「あるく回廊」のプログラムは歩き方それぞれが別のメニューとして選択できるように計画したが、その参加者がそれぞれの歩き方を結びつけることによってかつての私たちの歩き方を探れるように、一つにまとめた構成のプログラムとして作成することとした。結果として、「あるく回廊」映像プログラムは、①映像編と②実演・体験編の二部構成となっている。

ここでは、展示に使用したプログラムの要点を記すことにとどめたい。

①映像編

映像プログラムは、『澁澤フィルム』と『宮本フィルム』における一九三〇年代の映像に映った都会の雑踏や地方の祭礼などにおける様々な歩く姿を紹介する。そのなかで欧米人のように腕を振って足を伸ばして大股に歩いている姿や、膝を曲げ腕をあまり振らずに歩く姿がある。次に現在の大学キャンパスで撮影した映像で、一九三〇年代と同じような二つの歩き方をしている人たちがいることを紹介し、プログラムの導入としている。

そして、かつての私たちの歩き方を図像資料と映像資料によって紹介し、さらに役者が再現した映像を加えてその特徴を観覧者に伝えている。実際の映像プログラムでは、「腰を落として膝を曲げて歩く」図像の姿から役者が歩き出す映像を撮影し、その動きを再現している。再現映像は一九三〇年代の映像と類似し、今でもみられるような歩き方となった。しかし、「右足とともに右半身を出して歩く」図像の姿から役者が歩き出す再現映像は、現在ではみられない不自然な歩き方となった。しかし、先の「図21」の職人風の人が肩をゆすって歩く映像は（『宮本フィルム６』「春の横顔：上野公園・動物園」）（神奈川大学21世紀ＣＯＥプログラム　2008）、右足とともに右肩が前に出ており、「右足とともに右半身を出して歩く」姿に体の動き、使い方が似ているようにみえることを伝えた。そして、摺り足を歩く型として紹介するとともに、行進を近代的な歩き方の普及のきっかけとなったことを紹介している。

②実演・体験編

実演・体験編として、再現映像とインストラクターによる実演の模範歩行に合わせて「あるく」体験をするなかで、観覧者は自分たちとは異なる姿勢、動きの「かつての歩き方」を行い、自らの歩き方との違いを体感する。実演する演目は①行進／②腰を落として膝を曲げて歩く／③摺り足／④右足とともに右半身を出して歩くのなかの④「図像通りの不自然な歩き」のタイプＡと⑤「自然な職人風な歩き」のタイプB／⑥普段通りに歩く、の六種類の歩きである。①から⑤までの歩きを体験した観覧者は、⑥の普段の歩きに戻す時に、自分の普段通りの歩き方がどうだったのかわからなくなるという軽い動揺を起こしている人たちもみられた。

多くの人が気軽に参加できるこの展示は、展示全体の導入となるとともに「かつての歩き方の記憶が私たちの身体に伝えられている可能性がある」という主要なメッセージを伝える場となっている。そして「あるく回廊」でのかつての歩き方の体験によって、観覧者は無意識に行っている自分の歩きに揺さぶりをかけられる。その結果、歩くことのなかで意識することのなかった身体の記憶に問い掛けられ、自身が感じ取ったかつての歩き方に対する感覚のなかに置かれることになる。自分の歩きを自覚させ、歩く行為の歴史的世界を伝える実験であった。

Ⅵ「あるく―身体の記憶―」の実験の課題

（1）「あるく」体験のメッセージ

「あるく」テーマに対して、実験展示には多くの課題が残されている。その基本は身体の動き自体を、歴史的・文化的にとらえようとした当初の構想に沿ったメッセージが十分に用意されていないことに尽きる。これまで記した通りに、身体の記憶としての「あるく」というテーマの歴史的な世界を明確な姿として伝えられたわけではなかった。例えば、歩く姿の一つとして提示したかつての「腰を落として膝を曲げて歩く姿」が現在のがに股や与太歩きとどのように結びつくのか、近代における行進の普及、訓練によってどのように歩き方が変わってきたのか、仮説を提示したに過ぎない。男女や職業による歩き方の特色などについて明確なメッセージを伝えていない。

（2）観覧者の「あるく—身体の記憶—」

ただし、これらの多くの課題が展示をつくる側に残されたことによって、この展示の成果が乏しいものとなったわけではない。それに反して実験展示に参加した人々から自らの歩く行為をもとに発せられた様々な意見や感想が豊かなメッセージとなって、展示をつくる私たちに届けられることになった。

展示アンケートに記された感想や意見には、観覧者から展示メッセージへの賛意やときに反論、問い掛けがされる。そのなかで展示テーマについてのさらに考えるべきこと、現状では不十分な点が見い出される。ここに記す観覧者の声は、各人が歩く経験を持つ当事者として、自分の感覚を通して思考し、意見を述べている。そこには観覧者の思考によって、身体の感覚に対する民俗学的研究が進められる可能性が示されている。

「あるく回廊」で身体感覚に揺さぶりを掛けられた人々は、自身の行為に対して思考をめぐらすことになった。実験展示の意図に沿っていえば、映像に合わせて実際に歩いてみることで、無意識に行っていた歩くという行為を自覚し、かつての歩き方を自身の身体で意識化されることとなる。

例えば、平成二三年に開催した松戸市立博物館への巡回展示において印象的だったことがある。それは「あるく回廊」を体験した後に、展示コーナー「かつてのあるき方をさぐる」における絵画資料を見ながら、そこに描かれた歩き方のフォルムを真似る人をよく見かけたことであった。展示資料の前でポーズをとる人たちの姿は、「あるく」体験によって展示テーマを自らの身体に問い掛けがなされた証であろう。実物資料の展示では、資料に対する解説の情報を文字や図版によって提示し、その理解を促すことを基本としている。しかし、実物資料の展示だけでは、資料の前でポーズをとることはほとんどないであろう。その姿は「あるく」体験無しには考えられない。観覧者が自らの身体で歩くという行為の持つ歴史性にアプローチしている表れであり、実験展示の成果を如実に示している。

〈「あるく回廊」を体験した人々の受け取り方〉

「あるく回廊」を体験した人々は実に多様な受け取り方をしている。このことを神奈川大学での展示と松戸市立博物館への巡回展示におけるアンケートなどから読み取ってみたい。

先述の通りに、「あるく」テーマに対して実験展示班において多くの議論があった。歩くという行為を展示テーマとして選択したことに対して、観覧者はどのようにとらえたのだろうか。アンケートでは、歩くという行為があまりにも日常的なことであり、これまで考えたことのないことであったと述べられている一方で、それらの認識が崩され、歩くに対して興味を覚えたり、深く考えるきっかけとなったという感想が述べられていた。また、かつての歩き方が自分に合っているという感覚から、身体に残る記憶の存在について驚きを覚えた人もあった。これらの反響は、冒険的な「あるく」テーマが興味を持って迎えられたことを示している。

実験展示の特色である「あるく」体験を、大半の観覧者は肯定的にとらえたようである。歩くという行為の体験は、誰もが気軽に参加できるものであった。展示意図とは関係なく両親と共に楽しそうに回廊を歩いた小学校に入る前の子どもの姿も印象に残っている。アンケートには、「あるく」体験をすること、実際に身体を動かすことで理解が深まる、実感できる、楽しめるなどの体験そのものを評価する声が多かった。これらの声は実験展示の当初から発案された「観覧者が自らの身体を自覚する装置」が作動し、人々の身体に何らかの訴え掛けがなされた成果を表している。そして、観覧者のなかには無意識に行っている自分の歩きに揺さぶりをかけられ、普段の歩き方を意識したり、再認識したりすることとなる人がいた。その最たる光景は、歩くことを意識した結果、普段自分がどのように歩いているのかがわからなくなり、迷ってしまっている人々の姿であった。

腰を落として膝を曲げる歩き、がに股や肩で風を切る職人風の歩き、与太歩きなどを見かけたことがあると報告した人たちがいた。また、夫婦で体験したことで夫の歩き方が腰を落として膝を曲げる歩きだったことを再発見した妻がいた。

また、一方でかつての歩き方を実際に歩いた経験を持っている人もいた。行進ができなくて殴られたことを思い出した人や「右手―右足」「左手―左足」の歩き方がふっと出てしまう経験を持っている人もいた。また与太歩きのような肩をゆすった歩きが自身の身体に馴染んでいたり、楽だったりなどの感覚から歩きやすいことに気が付いた人たちが多くいた。これらのアンケートの声は、展示意図に引き付けていえば、かつての歩き方が観覧者にとって身近な行為として身の回りに存在していたり、自身の身体にある可能性を示すものであったといえる。

しかし、一方でかつての歩き方、がに股や腰を落として歩くことは疲れる、なじめないという感想を持った人たちもいた。これらの感想はかつての歩き方が私たちの身体に残されているという仮説に対する否定の声である。展示の意図に沿っていえば、その姿から遠ざかった歩き方をしている人々の存在を示しているのではないだろうか。これらの多様な感想は、想定したかつての歩き方が、近代化以降の変化のなかで、現在の私たちの歩き方とどのような関係にあるのかという問いかけに対する答えの一端が示されている。

近代に入ってからどのように歩き方が変わってきたのか、変わらない部分を持ち続けるのか、それぞれの可能性を示す結果となった。近代的な歩き方の導入として「行進」を紹介している。このアンケートでもみられた行進ができなかったエピソードも、それとは異なった歩き方の人たちがいたことを示している。一方で展示側は行進の訓練、普及によってどのような影響があったのか明確に説明できてはいない。展示をつくる立場でいえば、私たちの歩き方の多様さが何によってもたらされるのかという問いかけに対して、この展示が無意識のなかでの選択としか説明がつかない現状を解きほぐす糸口になったにすぎないと自覚していたからであった。

「あるく回廊」で摺り足の体験をした観覧者は、自らの身体にかつての歩き方を問いかけることから発想を進めて、かつての歩き方と同じ姿勢が、盆踊りや日本舞踊などの芸能、相撲や剣道、弓道などの武道に残されていることに気付いた人たちがいた。

今後の課題としては、これらのアンケートに見られたような観覧者が歩いた先に感じ取るメッセージとして、自分たちの歩きのなかに、この展示で想定したかつての歩き方が残されているのか、自分が身に付けた歩く行為の位置付けをする必要がある。観覧者自身の歩く感覚、歩き方の認識がどこにあるのかを、わかりやすく観覧者が感じ取り、理解してもらうための展示表現が必要であると考えるにいたった。その表現を行うためには、近代における歩くことの資料化を進めなければならない。

（3）これからの実験展示「あるく―身体の記憶―」に向けて

これまで記してきたことは、これまでの実験展示に対する数々の課題であった。しかし、この展示が持つ可能性を伸ばすためには、もっと広い視野に立った課題を考えていく必要がある。再三述べてきたが、この展示が十分に表現できなかった最も重要な点は、歩くという行為を歴史の反映した文化としてとらえることだといえる。

実験展示の観覧者のアンケートには、かつての歩き方がなぜ行われてきたのかの理由を知りたいと記した人が多かった。その問いかけに対して、生活に根ざした歩き方だと考えた人たちがあり、履物、服装などによって歩き方が変わってくると考えた人たちもいた。

様々な歩くを民俗としてとらえるアプローチがあるだろう。とりあえず述べておきたいことは、かつての歩き方や歩く姿からその人の職業、社会性が表現することであり、少なくともそのことに対する認識を導き出すことができたなら、この展示のメッセージは格段に豊かなものになっただろうということである。

展示では、近代における歩き方の変化を、単に行為の変化としてだけしか表現しなかったが、近代における歩き方の変化の持つ文化的な意味を、西欧的な身体技法の受け入れていくプロセスとしてとらえる一方で、ハイカラな歩き方に対するバンカラな歩き方といったようなそれを拒絶しながらも従来の歩き方とをアレンジしていくプロセスとしてとらえる視点が必要である。そして、その両者の関係が持つ社会的な位置付けは、先の歩く姿が持つ社会性につながっていくのである。

さらに、実験展示「あるく――身体の記憶――」を人の行為の展示としてとらえると、これまでの展示とは別の視点を持っていると考えることができる。先に述べた学習資料展「昔のくらし探検」は、竈や井戸を使った生活を表現し、戦後生活の変化のなかで行なわれなくなった手作業を中心とした生活の術を子どもたちに伝えようとしている。その手段として祖父母が生まれ育ったころの昔のくらしで使われた道具を使う体験展示を行って、実際の生活での身のこなしや、道具を使うコツを伝えていくことを目的として、子どもたちの身体にアプローチしている。この展示における行為は世代間における日常生活を通した身体技法の違いを、振り返るべき価値があるものとして表現しているのである。

しかし、実験展示「あるく─身体の記憶─」において想定した「かつての歩き方」は、振り返ったり、取り戻したりすることを目的としてはいない。この展示は、歩く行為の現在の姿にアプローチし、人々の歩く行為のなかに「かつての歩き方」がどのように変化し、伝えられているのかと問うているのである。その視点は、近代化のなかで伝えられてきた生活文化の姿を明らかにしようとした民俗学のものと同じである。

付言

本文で記したように、本書は実験展示「あるく─身体の記憶─」開催のための実験展示班における議論が基点となっている。そして、実験展示は神奈川大学での開催から四年後に筆者が勤務する松戸市立博物館において開催することができた。この開催を契機に再び「あるく民俗・あるく展示」について考える機会を得たが、大きな進展を得られていないことは本書が示している通りである。残された課題は大きい。ただし、実験展示に参加した人々の反応は大きなものであり、その反響に答えることが力となって本書を著すことができた。

最後に、資料提供にご協力をいただいた圓福寺、神奈川大学日本常民文化研究所、同大学非文字資料研究センター、松戸市立博物館、議論を重ねた実験展示班の方々、共に展示づくりに携わった文化環境研究所の方々、さらに「あるく回廊」を歩いた多くの方々に感謝をしたい（敬称略）。

註

（註1）実験展示班のメンバーは榎美香・刈田均・河野通明・田上繁・中村ひろ子（班長）・浜田弘明・福田アジオ（敬称略）・青木俊也である。

（註2）実験展示「あるく—身体の記憶—」は、構想当初より展示制作の記録を行うことが決定されていた。その報告書である『実験展示「あるく—身体の記憶—」をつくる』が刊行された（神奈川大学21世紀COEプログラム「人類文化研究のための非文字資料の体系化」第5班 2008）筆者もその報告である「実験展示をつくる」を分担している。本書はこの報告書をもとに作成している。

（註3）小山隆秀の「『歩み』と『走り』の身体伝承」は、実験展示の準備段階には公表されておらず、この成果を展示にいかすことはできなかった。しかし、本書の作成に必要な研究なのでここに紹介することにした。

（註4）本文中に記した『澁澤フィルム』という言葉は、澁澤敬三による映像資料を指し、『宮本フィルム』という言葉は、宮本馨太郎による映像資料を指したものである。これらの名称は、実験展示「あるく—身体の記憶—」において使用したもので、本書においても、変更せずそのまま使用した。また、掲載した「図18」から「図21」の4点の図版資料は、これらの映像資料の静止画であり、『実験展示「あ

るく―身体の記憶―」をつくる』（神奈川大学21世紀ＣＯＥプログラム「人類文化研究のための非文字資料の体系化」第5班 2008）に所収のＤＶＤ『実験展示「あるく―身体の記憶―」』（展示映像）及び「身体の記憶の発見」（展示映像コンテ台本）から引用したものである。

（註5）このアンケート調査は、松戸市立博物館の教育普及担当学芸員（平成13年度当時）と博物館と学校の連携を研究テーマとしている人たちによって行なわれた。

参考文献（アルファベット順）

青木俊也・村井良子（二〇〇二）「学習資料展『教科書のなかの道具とくらし』利用者調査による展示づくり―企画展研究開発（R&D）計画」『展示学』34号 日本展示学会

浅野久枝（一九九六）「日本人の生死観」『現代民俗学入門』佐野賢治他編 吉川弘文館

馬場悠男監修（一九九六）『「ピテカントロプス展」カタログ』読売新聞社

萩原龍夫（一九八三）『巫女と仏教史―熊野比丘尼の使命と展開―』吉川弘文館

樺山紘一（一九八七）『歴史のなかのからだ』ちくまライブラリー

神奈川大学21世紀ＣＯＥプログラム「人類文化研究のための非文字資料の体系化」第5班編（二〇〇八）『実験展示「あるく―身体の記憶―」をつくる』神奈川大学21世紀ＣＯＥプログラム「人類文化研究のための非文字資料の体系化」研究推進会議

川田順造（一九九五）「基層文化としての身体技法―十七世紀以後のフランスを中心に―」『ヨーロッパの基

層文化』川田順造編　岩波書店
河野亮仙（一九九九）「舞踏・武術・宗教儀礼―芸能と祭りの身体論へ―」『技術としての身体』（叢書・身体と文化）第1巻　野村雅一他編　大修館書店
M・モース（有地亨・山口俊夫共訳）（一九七六）『社会学と人類学Ⅱ』弘文堂
中澤克昭（二〇〇四）「村の武力とその再生産」『「もの」から見る日本史』戦争Ⅰ　小林一岳他編　青木書店
小栗栖健治（二〇一一）『熊野観心十界曼荼羅』岩田書店
小山隆秀（二〇〇七）「『歩み』と『走り』の身体伝承」『青森県の民俗』第7号　青森県民俗の会
関一敏（二〇〇二）「民俗」『新しい民俗学へ―野の学問のためのレッスン26』小松和彦他編　せりか書房
澁澤敬三・神奈川大学日本常民文化研究所（一九八四）新版『絵巻物による日本常民生活絵引』（全五巻付総索引）平凡社
武智鉄二（一九八五）『舞踊の芸』東京書籍
山下善也（一九九一）「身体表現小考―日本絵画における対象把握の問題として―」『からだのイメージ―西洋と日本の人体表現　近世から現代へ―』静岡県立美術館
柳田国男（一九九三）『明治大正史　世相篇』講談社学術文庫
矢田部英正（二〇〇七）『美しい日本の身体』ちくま新書
横浜市歴史博物館・神奈川大学日本常民文化研究所編（二〇〇二）『屋根裏の博物館―実業家渋沢敬三が育

てた民の学問―』横浜市歴史博物館・(財)横浜市ふるさと歴史財団
吉田裕（二〇〇二）『日本の軍隊』岩波新書

著者紹介

青木俊也（あおき　としや）

1961年　神奈川県生まれ
1989年　武蔵大学大学院人文科学研究科修士課程修了
博士（歴史民俗資料学）
松戸市立博物館学芸員
神奈川大学大学院・立教大学非常勤講師

著作
単著『団地2DKの暮らし―再現・昭和30年代―』（河出書房新社　2001年）、共著『歴史展示とは何か―歴博フォーラム 歴史系博物館の現在・未来―』国立歴史民俗博物館編（アム・プロモーション2003年）、共著『民俗学講義―生活文化へのアプローチ―』谷口貢・松崎憲三編（八千代出版　2006年）

扉・表紙〈裏〉＝「絵巻物による日本常民生活絵引　原画」
神奈川大学日本常民文化研究所　所蔵
表紙〈表〉＝「神奈川大学展示風景写真」

神奈川大学21世紀COE研究成果叢書
神奈川大学評論ブックレット　36

あるく民俗《みんぞく》・あるく展示《てんじ》

2013年4月10日　第1版第1刷発行

編　者――神奈川大学評論編集専門委員会
著　者――青木俊也
発行者――橋本盛作
発行所――株式会社御茶の水書房
〒113-0033　東京都文京区本郷5-30-20
電話　03-5684-0751

装　幀――松岡夏樹
印刷・製本――東港出版印刷株式会社

Printed in Japan
ISBN 978-4-275-01021-6　C1039